HENRY BUGUET

Membre titulaire
Du CAVEAU et de la LICE CHANSONNIÈRE

COUPLETS-PRÉFACE PAR **ADRIEN DECOURCELLE**

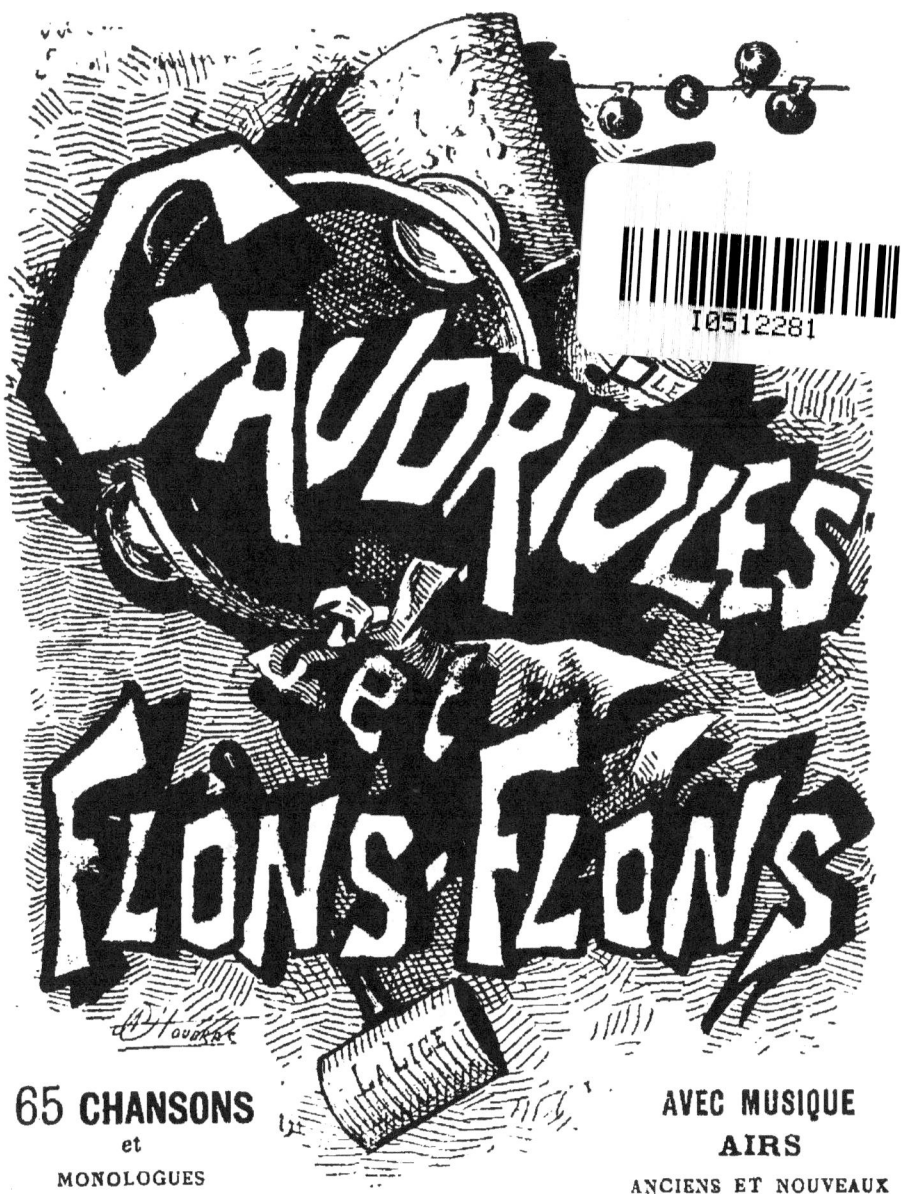

Gaudrioles et Flons-Flons

65 CHANSONS et MONOLOGUES

AVEC MUSIQUE AIRS ANCIENS ET NOUVEAUX

DESSINS DE CHOUBRAC

PARIS
E. DENTU, ÉDITEUR
Libraire de la Société des Gens de Lettres
3, place Valois (Palais-Royal)

1892

TOUS DROITS RÉSERVÉS

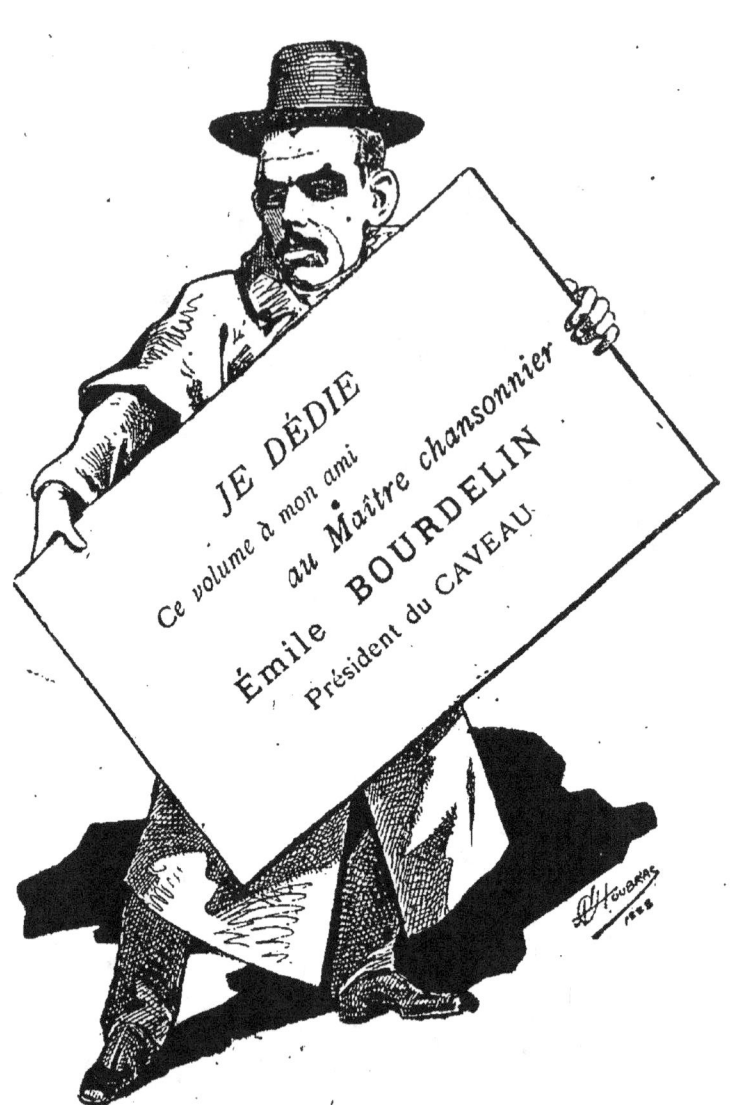

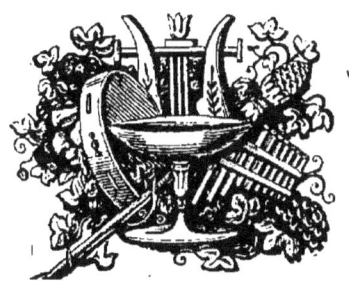

DU MÊME AUTEUR

COULISSES DE BOURSE ET DE THÉATRE

(En collaboration avec M. EDMOND BENJAMIN). — 1 volume gr. in-18, illustré par DORÉ. Préface de M. FRANCISQUE SARCEY.— OLLENDORFF, éditeur.

FOYERS ET COULISSES

Histoire anecdotique de tous les Théâtres de Paris.— Environ 20 volumes in-32, ornés des photographies des principaux artistes de Paris. — TRESSE et STOCK, éditeurs.

L'ESPRIT DES ENFANTS

Grand in-octavo. — Illustration de CHOUBRAC; ouvrage dédié aux enfants de M. FERDINAND DE LESSEPS. Préfaces de VICTORIEN SARDOU et de FRANÇOIS COPPÉE. — LOUIS PIAGET, éditeur.

GUIDES DES MAITRES ET DES DOMESTIQUES

In-18. — Recueil des mots comiques des uns et des autres, et de renseignements et conseils aux maîtres et aux gens de maisons (épuisé et non réimprimé).

PARIS-ENRAGÉ

(En collaboration avec M. EDMOND BENJAMIN).— Grand in-octavo, dédié à M. PASTEUR. — Illustrations de CHOUBRAC. — JULES LÉVY, éditeur.

REVUES ET REVUISTES

Véritable *vade-mecum* de tous les auteurs de revues de fin d'année. Plaquette in-18.— Dessins de CHOUBRAC.— JULES LÉVY, éditeur.

THÉATRE DE CERCLES, CASINOS ET CHATEAUX

1 volume gr. in-18. — Vaudevilles, comédies, parade, saynettes, monologues. — Dessins hors texte et couverture par CHOUBRAC. — TRESSE et STOCK, éditeurs.

PARIS-CROQUEMORT

En collaboration avec M. CH. VIRMAITRE. — Grand in-18. — Humoristico-macabre. — Illustrations et couverture par CHOUBRAC.— DALOU, éditeur.

L'UNIVERS DANS PARIS

(En collaboration avec EDMOND BENJAMIN). — Grand in-18. — Illustrations de CHOUBRAC. — MARPON et FLAMMARION, éditeurs.

THÉATRE

Pièces diverses en un et plusieurs actes.— Editeurs : CALMANN LÉVY, TRESSE et STOCK, DENTU, etc.

Pour paraître prochainement :

LE TROU DU SOUFFLEUR
Un volume.

LES FABLES DE ROBINET
Un volume.
(Pour faire suite à celles de La Fontaine). — 100 fables, 100 dessins.

LE LAVEUR DE BOUTIQUES
Nouvelles (1 volume).

ODETTE DE CHAMPDIVERS
Roman (1 volume).

LES CHANSONS DU BOULEVARD
Un volume.

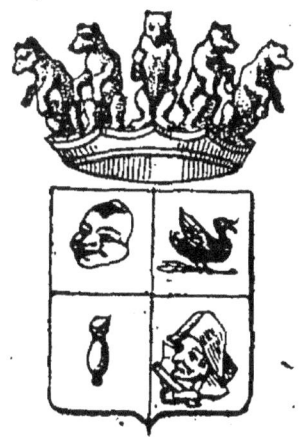

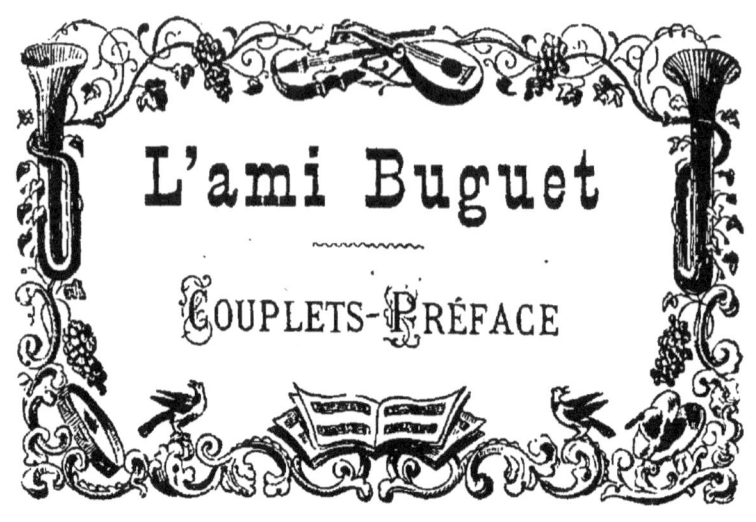

AIR : *Des Cancans*

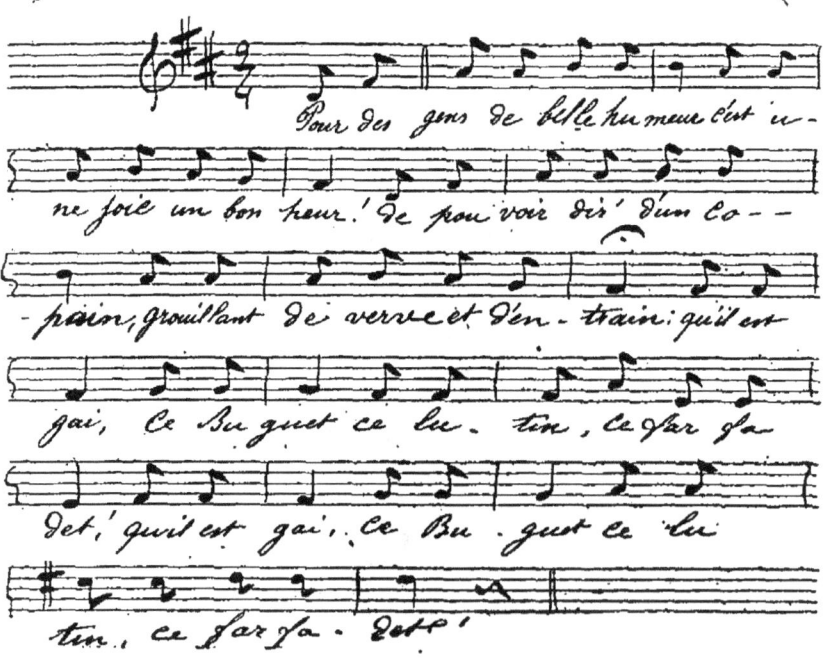

L'AMI BUGUET

AIR des *Cancans*

Pour des gens de belle humeur,
C'est une joie, un bonheur,
De pouvoir dir' d'un copain,
Grouillant de verve et d'entrain :
   Qu'il est gai, ce Buguet, } bis.
Ce lutin, ce farfadet !...

Plus souple qu'un écureuil,
Plus agile qu'un chevreuil,
Vous le croyez à Passy ?
Vous le trouvez à Bercy !
   Quel jarret, toujours prêt,
Vous a ce joyeux furet !

Quand il était reporteur,
Je jurerais sur l'honneur
Qu'il savait un attentat
Bien avant qu'il n'éclatât !
   Quel toupet ! quel jarret !
Vous a ce joyeux furet !...

— VII —

*Du plus farouche Othello
Il ferait un rigolo.
Mais quand il joue au croqu'mort,
On n'en croit rien... on se tord !
 Tant est gai ce follet,
Tant est gai l'ami Buguet !...*

*Il est asthmatique. Eh bien !
Il a trouvé le moyen
De tousser de tell' façon
Qu'on dirait d'une chanson.....
 Tant est gai le hoquet,
Le hoquet d' l'ami Buguet !...*

*S'il est gai comme un pinson,
Il est gros... comme un poinçon.
Ce qui ne l'empêche pas
D'enterrer des gens très gras.
 Ce criquet, ce Buguet
A de l'huil' plein son quinquet !*

*Buguet n'est pas un Ronsard.
Un Lamartine, un Ponsard,*

Buguet n'est pas un Musset.....
Eh bien ! alors, qu'est c' que c'est?
　C'est un gai, ce criquet;
En un mot, c'est Buguet,
　Un friquet qui nous plaît
Par son esprit, son caquet !...

Adrien DECOURCELLE.

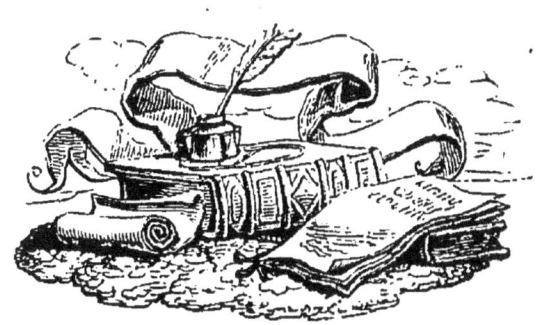

NOTICE

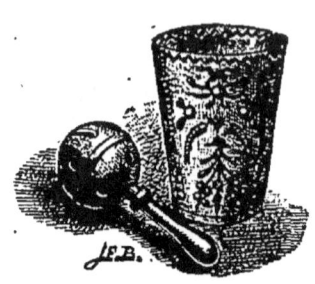

Cette vignette qui sert de cul-de-lampe à plusieurs chansons de ce volume représente deux reliques précieuses que l'on voit, à tous les banquets du Caveau, devant le couvert du Président. Le Gobelet de Panard est authentique, il contient presque une bouteille de champagne, et c'est à propos de lui que le célèbre chansonnier, un des premiers fondateurs de la Société épicurienne, fit une chanson qui commençait ainsi :

« Où l'on me verse du bon vin
» Volontiers je fais une pause ;
» Comme les fleurs de mon jardin
» Je prends racine où l'on m'arrose. »

C'est au premier banquet de l'année que le Président nouveau boit à la Chanson dans le verre de Panard et les jours de réception d'un nouveau Membre.

Le Grelot de Collé remplaçait dans la main de son illustre maître la sonnette traditionnelle. Il est encore agité au Caveau pour obtenir le silence et appeler l'attention.

Les banquets du Caveau ont lieu sans interruption depuis 1834, le premier vendredi de chaque mois. Ils se donnent actuellement chez Corazza, galerie Montpensier, Palais-Royal.

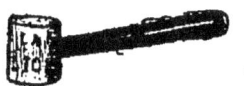

Le Maillet à manche d'ébène, qui sert aussi de cul-de-lampe à nombre de chansons de ce volume, remplit à la Lice Chansonnière le même office que le Grelot de Collé au Caveau.

Il y a quelques années, une statuette de Béranger figurait sur la table, devant le Président de la Lice.

Le Maillet règne seul aujourd'hui. Eugène Imbert, un des excellents Présidents qui l'ont tenu d'une main juste et ferme, a fait une très humoristique chanson sur le vieux Maillet dont le manche avait été brisé.

En voici un couplet :

« Vieux Maillet de la vieille Lice,
» Que cinquante ans n'ont point usé,
» Pourquoi ton manche droit et lisse
    » Est-il brisé ?
» Dans le bruit ou dans le silence,
» En deux temps et trois mouvements,
» Comme il savait avec cadence
» Rythmer les applaudissements !

» Comme il se tenait raide et ferme!
» Mais tout s'use, casse ou mollit;
» Et toute vigueur a son terme
» A la tribune comme.... au lit. »

Les Banquets de la Lice, qui ont eu lieu tour à tour aux *Vendanges de Bourgogne*, à la Chapelle, puis, dans divers restaurants du Palais-Royal, se donnent maintenant au *Rocher de Cancale*, rue Montorgueil, où ils firent florès jadis.

La Lice Chansonnière y tient son Banquet le premier mercredi de chaque mois.

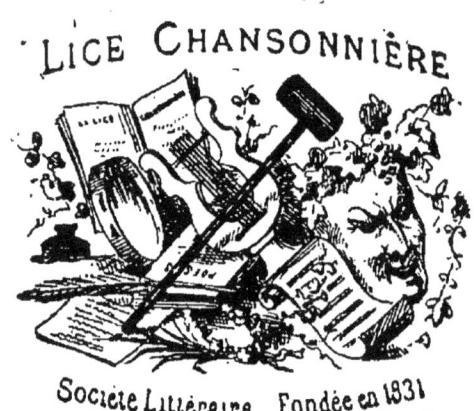

N. B. — Certaines des chansons de ce volume ont paru aussi dans les journaux, où leur auteur chansonne *l'Actualité* au jour le jour.

COUPLETS DE RÉCEPTION
AU CAVEAU

Air : *C'est ta poire, ta poire*

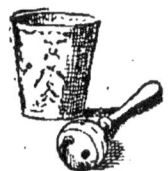

D'une gaîté très française
Et narguant fort le trépas,
J'ai, dans le Père-Lachaise,
Un caveau rempli d'appas.
J'y vais mettre sur la pierre,
Messieurs, un titre nouveau :
    Oh! oh! oh! oh!
Puisqu'on me fait titulaire,
Titulaire du Caveau,
Le vôtre et le funéraire,
Ça me fait double caveau!...

Messieurs, ma joie est extrême.
Quel honneur fait à mon nom!
Ce soir, par votre baptême,
Ma marraine est la Chanson!

Je ne veux pour baptistère
Qu'un grand verre de Cliquot!
   Oh! oh! oh! oh!
On peut être titulaire
D'un triste et d'un gai caveau;
Mais, avant le funéraire
Doit passer votre Caveau!...

Après la tendre accolade
Du président du flonflon,
A ma femme, sur mon grade,
Ce soir j'en conterai long!...
J'exhiberai, pour lui plaire,
Voyez le joyeux tableau,
   Oh! oh! oh! oh!
Un vrai membre titulaire,
Titulaire du Caveau,
Qui n'a rien de funéraire;
Un bon membre du Caveau!...

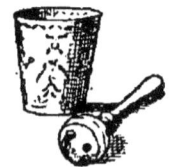

COUPLETS DE RÉCEPTION

A la Lice Chansonnière

AIR : *Ne raillez pas la garde citoyenne* (Clé du Caveau)

Pour vous payer, messieurs, ma bienvenue
De Licéen fabriquant la chanson,
J'improvisai, d'une verve ingénue,
Quelques couplets tout à fait sans façon.

C'est au banquet, en tenant ma fourchette
Et mon crayon, que je fis ces couplets,
En revuïste et non en vrai poète;
Et je compris qu'ils seraient incomplets

— XVII —

Et comme il faut de mes vers à la Lice,
(J'entends, messieurs, dans son riche recueil),
Je recommence : ah!. que ce rondeau glisse,
Facilement, pour vous, pour mon orgueil !...

Dans ce cénacle où la chanson rayonne
Comme un soleil prodiguant son trésor,
Je suis reçu ; votre temple me donne
Accès brillant au ciel des rimes d'or.

Merci, merci; de mon mieux je vais rire
Pour mériter les bravos de vos mains;
Ma Muse, à moi, c'est la folle hétaïre
Qui jette tout par-dessus les moulins !...

Du vieux pont-neuf à la pointe mordante,
De la revue aux mots par à peu près,
J'ai don de faire une œuvre abrutissante :
Et vous verrez : *j'abrutis*... à l'excès !...

Lorsque je manque aux banquets, c'est la faute
A ma nature, à mon asthme surtout;
Car, pour le perdre ou qu'un hasard me l'ôte,
Je vais, je viens, je voyage partout !...

Mais que je sois proche ou loin de la Lice,
Elle a mon cœur, veut-elle mon esprit ?
Ah! je lui fais ce léger sacrifice
Dans un *but gai,* puisque Buguet en rit!...

Pour vous payer, messieurs, ma bienvenue
Du *Licéen* fabriquant la chanson,
J'improvisai, d'une verve ingénue,
Quelques couplets tout à fait sans façon!...

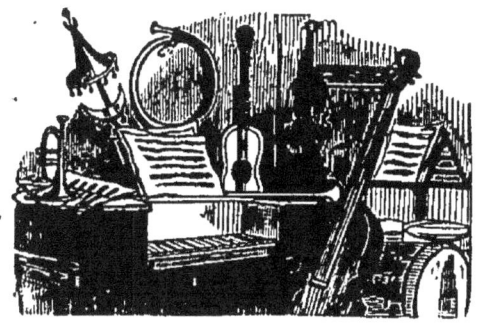

A MMmes SARAH-BERNHARDT, J. GRANIER, L. JUDIC, L. THÉO, MILLY-MEYER

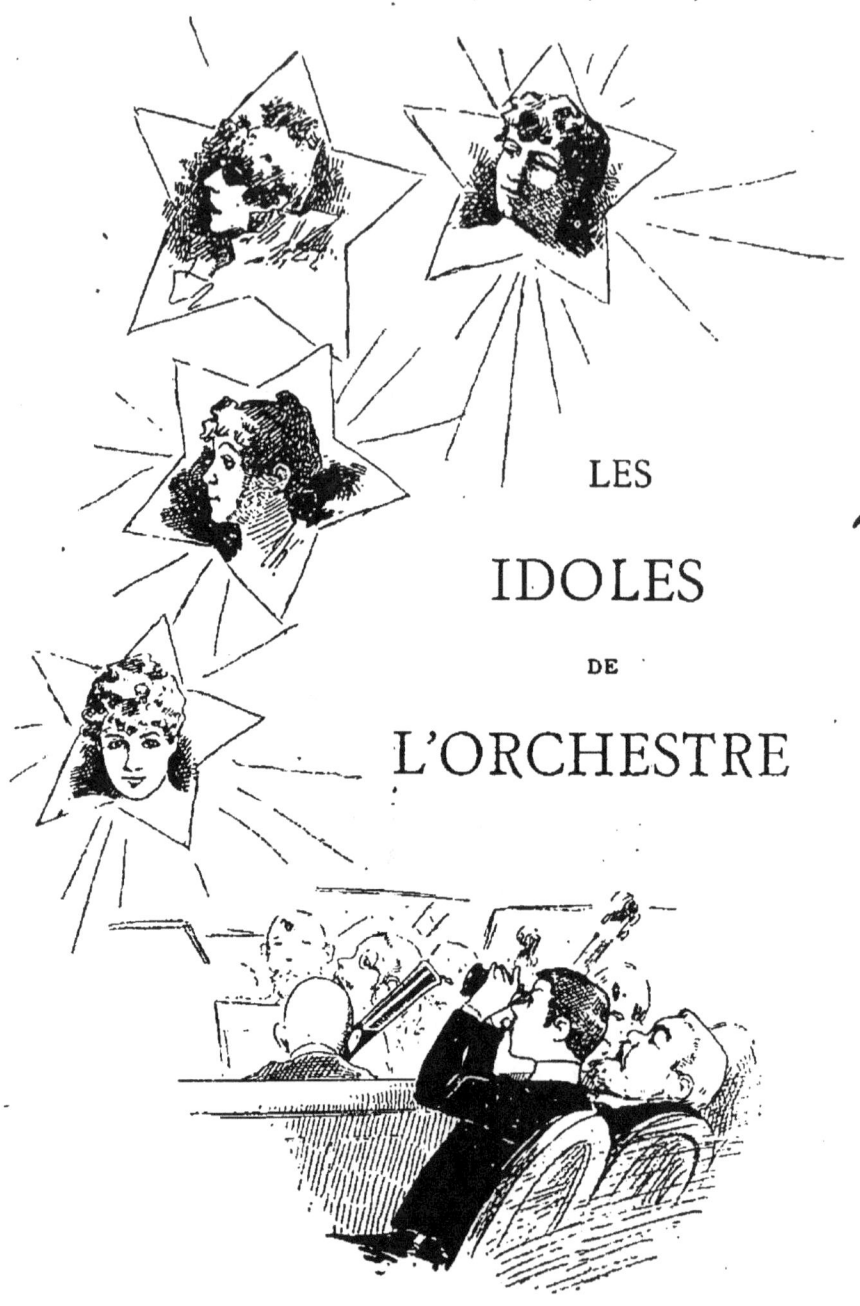

LES
IDOLES
DE
L'ORCHESTRE

LES IDOLES DE L'ORCHESTRE

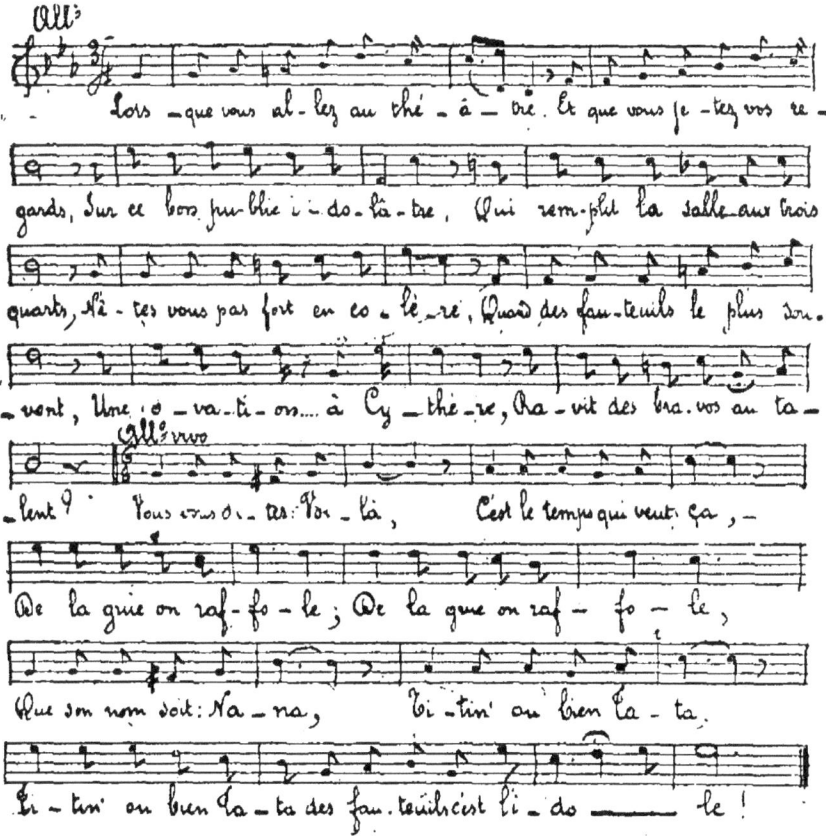

LES IDOLES DE L'ORCHESTRE

—

Musique nouvelle de M. Cools, chef d'orchestre du Théâtre
des Variétés de Marseille

Lorsque vous allez au théâtre,
Et que vous jetez vos regards
Sur ce bon public idolâtre
Qui remplit la salle aux trois quarts,
N'êtes-vous pas fort en colère,
Quand des fauteuils, le plus souvent,
Une ovation... à Cythère
Ravit des bravos au talent ?...

Refrain

Vous vous dites : voilà,
C'est le temps qui veut çà,
De la grue on raffole,
Que son nom soit : Nana,
Titine ou bien Tata !
Des fauteuils c'est l'idole !...

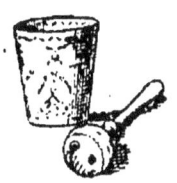

Sur scène, où chacun se démène,
Il faut subir la loi du jour,
Le beau sexe arrive à grand' peine
Par les fauteuils et par l'amour !
Grands moyens font les grandes choses,
A grands pas on marche au succès :
Pour faire ces métamorphoses,
De sa loge on livre l'accès !...

Plaire aux pourris de chic,
Voilà surtout le hic !
De la grue on raffole !
Le maillot, c'est par çà
Que Titine ou Tata
Des fauteuils est l'idole !...

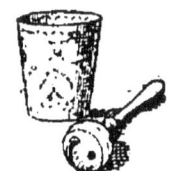

Chez les sauvages, les idoles
Ont un sort qui vous plairait bien :
Pour la moindre des fariboles
Ces gens ont un culte païen.
L'idole, en France, c'est l'actrice;
Elle est comme un joujou bruyant
Qui, ce soir fait notre délice,
Que demain on brise en riant !...

En un mot, voyez-vous,
Le destin le plus doux
N'est pas qu'on vous cajole.
Mieux vaut être, à Paris,
L'idole des Titis,
Que des fauteuils l'idole !...

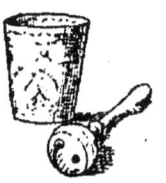

Théâtres de la Capitale,
Vos idoles valent des dieux,
Elles font taire la cabale
Dès qu'elles montrent leurs beaux yeux.

Leurs noms sont sur toutes les lèvres,
Sarah Bernhardt, Judic, Granier,
Trois talents puissants, pleins de fièvres,
Trois talents qu'on ne peut nier !

En un mot, voyez-vous,
Le destin le plus doux
C'est que l'on vous cajole.
Il faut être, à Paris,
Le béguin des Titis
Et des fauteuils l'idole !...

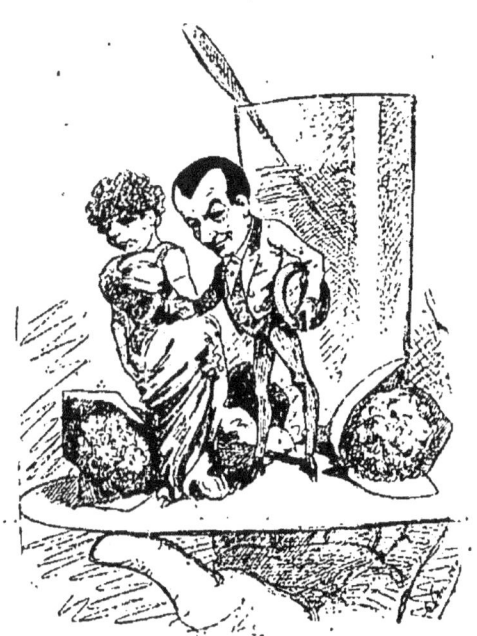

A S. E. M. le baron de MORENHEIM,
ambassadeur de Russie.

TOUT A LA RUSSE !

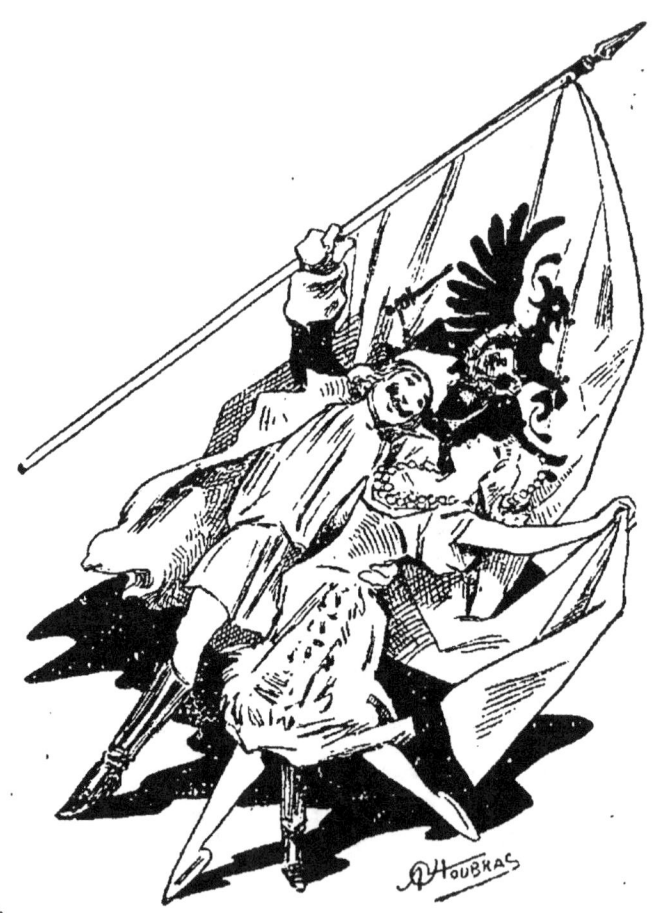

TOUT A LA RUSSE !

AIR : *A Saint-Lazare* (des Chansons de la Rue, de BRUANT)

I

A la Russie on est tell'ment,
    Que l'on s'emballe !
Saint-Pétersbourg est en c' moment
    Notr' capitale !
Ah ! si le Tzar v'nait de Moscou
    Voir... nos petites,
Ell's n' s'raient plus Parisienn's du tout
    Mais... Moscovites !...

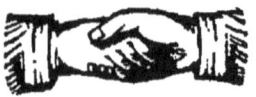

A Paris toute femm' voudra
    Changer d' casaque ;
Bientôt elle s'habillera
    A la cosaque !
Les restaurateurs fermeront
    Par ribambelle,
Car les Français ne mangeront
    Que d' la chandelle !...

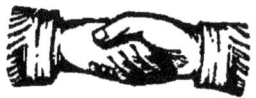

Plus de sapins, plus d'omnibus,
    Plus d'équipages !
Le traîneau russe est d' plus en plus
    Dans nos usages!
La Marseillaise, on la laiss'ra
    A M'sieu *Paulusse ;*
Tout Français en naissant, chant'ra
    L'hy*me*-ne-russe !...

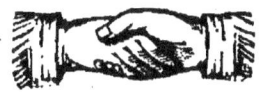

Les cafés sont, sur nos boul'vards,
  Méconnaissables !
On ne voit plus qu' des samowards
  Sur tout's les tables !
Tout garçon, d'un' têt' de moujick,
  A pris l'empreinte ;
Boir' du kummel, c'est bien plus chic
  Que prendr' l'absinthe!...

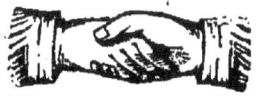

Je d'mande au bureau de plac'ment
  Un' bonn' boulotte ;
J'en reçois un' qui m' dit viv'ment :
  Je m' nomm' Charlotte !
J' réponds : à moi, faudrait te fier,
  Et que tu fusses
D' la pâte dont le pâtissier
  Fais *Charlott's... russes* !...

Nous v'là des étés les plus courts,
Tous idolâtres;
Et nous ferons la chasse à l'ours
Dans les théâtres.
L' Chât'let remont' *Michel Strogoff*,
Et, sans astuce,
M'sieur Carnot d'vient monsieur *Carnoff*,
Ça vex' la Prusse !...

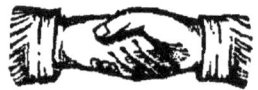

Chacun veut la faire au boyard,
Tout s' paye en rouble !
L' Parisien, quoiqu'il soit roublard,
Va payer l' double !
Russes, nos montagnes seront,
Et, non moins russes,
Les églis's où se baptis'ront
Nos p'tits Gugusses !...

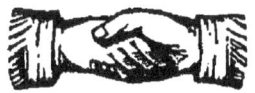

La Russie est la Rein' du jour,
    On n' voit qu' par elle.
Pour la Russie, ah ! quel amour !
    Elle est si belle !
Ça m' gagne, et, de la ru' Beaubourg,
    Quel saut de puce !
Je saute ru' Saint-Pétersbourg,
    C'est bien plus Russe !...

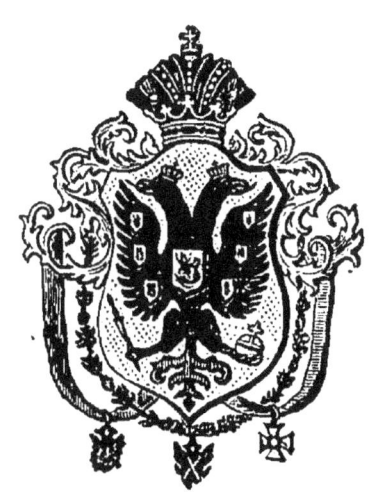

Au Général DE MIRIBEL.

LE FUSIL LEBEL

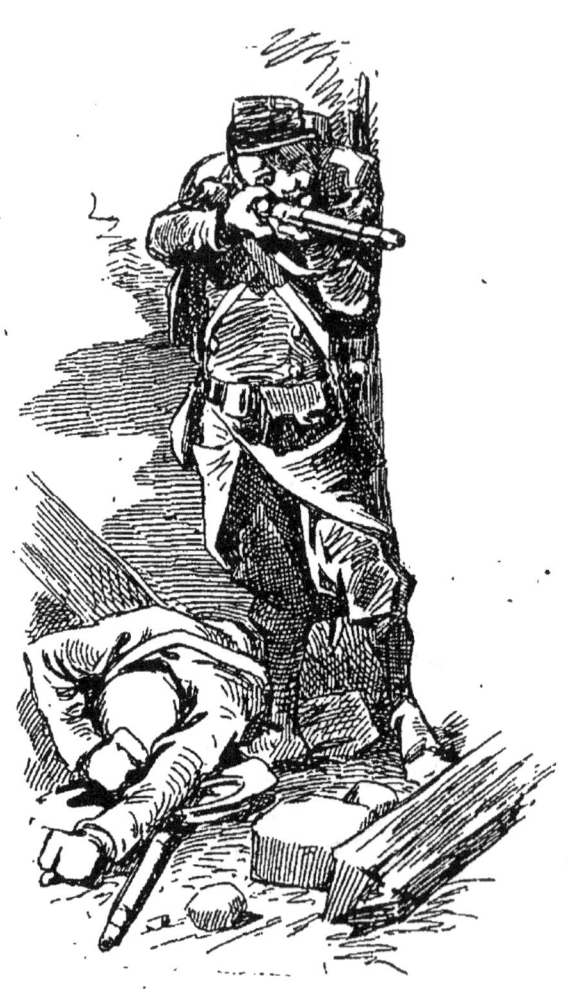

LE FUSIL LEBEL

—

Air de la *Vie Parisienne*

2ᵉ acte : *Je vais m'en fourrer, fourrer jusque là* (OFFENBACH)

C'est le joujou dont notre armée
Est si fière pour l'avenir.
De notre Patrie alarmée,
C'est l'espoir pour vaincre ou mourir !
L'Europe entière le convoite ;
Il met tout le globe aux aguets !
Peu nous importe qu'on l'exploite,
Poudre et fusil sont nos secrets.
Le Lebel dégotte le fusil Gras, (*bis*)
Mais pour en armer tes soldats,
Guillaume tu te fouilleras !... (*bis*)

Il est loin le temps des alarmes
Où nous subissions les affronts,
En refoulant du poing nos larmes,
En baissant humblement nos fronts.
Nous avons le fusil, la poudre,
Des hommes tant qu'il en faudra,
Et, ma foi, s'il faut en découdre,
Gare à qui nous attaquera !...
Le Lebel dégotte le fusil Gras, (bis)
Mais pour en armer tes soldats,
Guillaume tu te fouilleras !... (bis)

En vain les espions tenaces
Sèment chez nous l'argent et l'or,
Que nous prirent vos mains rapaces,
Le secret reste nôtre encor.
Si le Chassepot fit merveille,
Le Lebel frappera bien mieux,
Sans bruit qui prévienne l'oreille,
Sûr comme la foudre des cieux !...
Le Lebel dégotte le fusil Gras (bis)
Mais pour en armer tes soldats,
Guillaume, tu te fouilleras !... (bis)

Renforcez vos hautes murailles,
Doublez d'acier trempé vos forts,
Quand viendra l'heure des batailles,
Vous compterez alors vos morts.

Nous avons suivi votre exemple,
Nous avons, selon votre loi,
A la Force construit un Temple,
La Force primera le Droit!
Le Lebel dégotte le fusil Gras, *(bis)*
Mais pour armer tes soldats,
Guillaume, tu te fouilleras ! *(bis)*

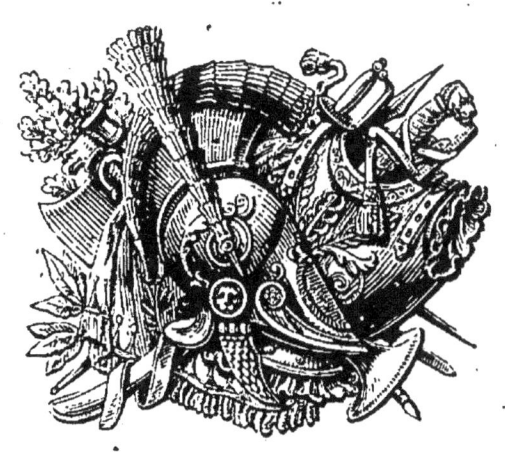

A M. LAGRANGE, de Langres.

LES
GRANDES MANŒUVRES

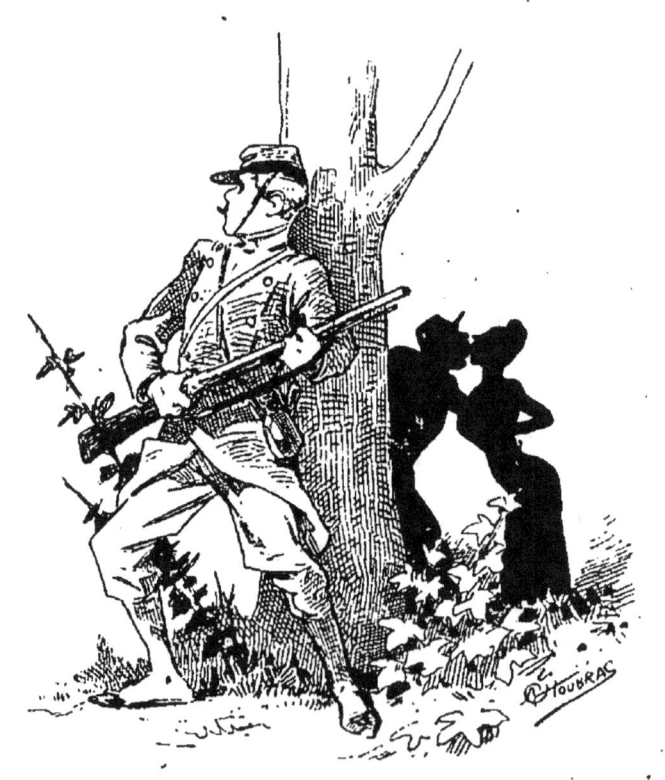

LES GRANDES MANŒUVRES

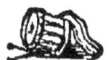

AIR de la ronde des *Séminaristes*, chantée à la Scala par JEANNE BLOCH

C'est un branlebas formidable,
Cent vingt-six mille hommes sur pied,
Malgré la paix qu'on croit durable
Sont, dans l'Est, allés guerroyer.
Fière, la patrie en frissonne
Tant elle espère en ses enfants !
Et Dieu voudra qu'elle moissonne
Les lauriers les plus triomphants !...

REFRAIN

Pour les grandes manœuvres,
Prouvons, fils de nos œuvres,
Que nous sommes bien prêts,
Que nous sommes complets !
A la triple alliance
Prouvons que notre France,
S'il le fallait, demain,
La vaincrait, haut la main !...

Quel désarroi dans les ménages,
Que de maris au régiment !
Pour consoler tous ces veuvages,
L'amour a du travail, vraiment...
Lorsqu'un époux est en campagne,
Il ne voit pas l'ardent cousin
Qui manœuvre près sa compagne
Et sait lui poser un lapin !...

    Pour les grandes manœuvres, etc.

Sur les vastes champs de bataille
De Reims, de Châlons, d'Epernay,
Quel assaut et quelle mitraille !
Au canon, quel coup de balai !
Les boulets pour cette campagne
Sont légers : ce sont des bouchons
Qui te font, gai vin de Champagne,
Détonner gaîment des flacons !...

Pour les grandes manœuvres,
Prouvons, fils de nos œuvres,
Que nous sommes bien prêts,
Que nous sommes complets !
A la triple alliance
Prouvons que notre France,
S'il le fallait, demain,
La vaincrait, haut la main !...

Septembre 1891.

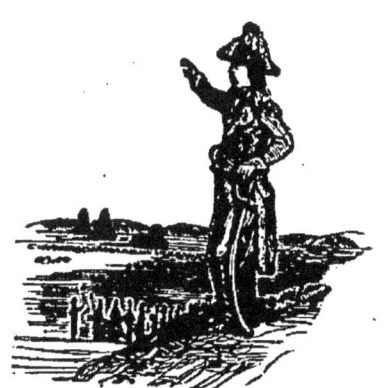

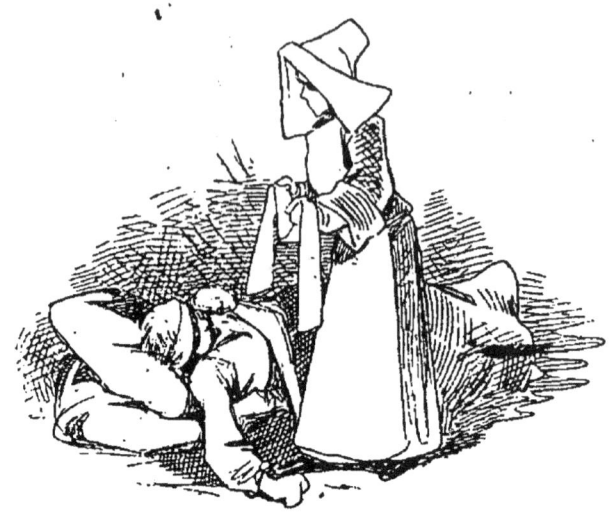

LE DÉVOUEMENT

Chanson du Banquet dit des Mots donnés, chantée au Caveau
le 5 juin 1891

A M. le Président de l'Œuvre charitable des Victimes
du Devoir

Air : *T'en souviens-tu*

Le dévouement, quel mot ! quel nom sublime !
Ah ! je suis fier qu'il me soit dévolu !
Le dévouement, c'est se rendre victime
Pour son semblable, et d'un élan voulu.
Le dévouement, c'est s'oublier soi-même
Pour secourir l'ami dans le malheur.
En s'immolant à l'être que l'on aime,
Par dévouement, on anoblit son cœur !...

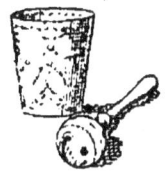

Le dévouement de la mère est immense ;
Elle s'efface et prône ses enfants.
Le dévouement au champ de la science
A fait des noms de docteurs triomphants !
Plus d'un *Pasteur* célèbre s'y consacre ;
Vincent de Paul est grand dans le passé.
Affre en s'offrant pour victime au massacre
Dit : « Que mon sang soit le dernier versé !... »

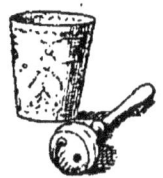

Le dévouement dans notre chère France
Règne à jamais. Partout on peut le voir :
Dans la tempête, au feu, dans l'ambulance,
Savent agir les fervents du Devoir !
Le dévouement, c'est l'âme qui s'isole ;
Dont le destin n'est plus qu'humilité ;
Dieu fit pour lui cette chaste auréole
Que porte au front la sœur de charité !...

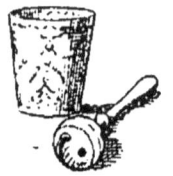

Papier à lettre, à ta dernière page,
Le dévouement est-il bien avoué ?
Qui n'a pas mis à la fin d'un message
Avant son nom : *votre tout dévoué* ?
Ce dévouement, qu'ainsi chacun exprime,
Et qui s'affirme aussi sincèrement,
Ce dévouement, qui n'a rien de sublime,
N'est tout au plus qu'un banal compliment.

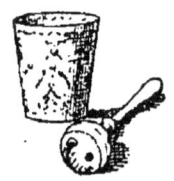

Abuse-t-on assez, en politique,
D'un dévouement... presque *caméléon*,
Qu'on vient offrir à notre République
Alors qu'on ne .. sert plus Napoléon !
Le dévouement d'un mari peu sévère,
C'est d'héberger qui l'aura fait cornard ;
Le dévouement de gendre à belle-mère,
Ça ne se voit pas même au Malabar !...

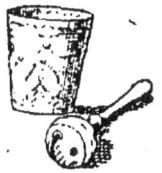

Un *dévouement* qui semblera factice
Et que prescrit toujours la Faculté,
C'est celui qu'à... la foire au pain d'épices,
On se procure avec facilité !
Un dévouement encore, chers poètes,
Dont je vous suis obligé, c'est celui
De vouloir bien écouter mes sornettes ;
Ce dévouement, c'est le vôtre, aujourd'hui !...

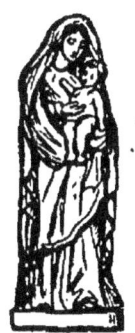

A M. Carnot.

LES CARPES
du
PALAIS DE FONTAINEBLEAU

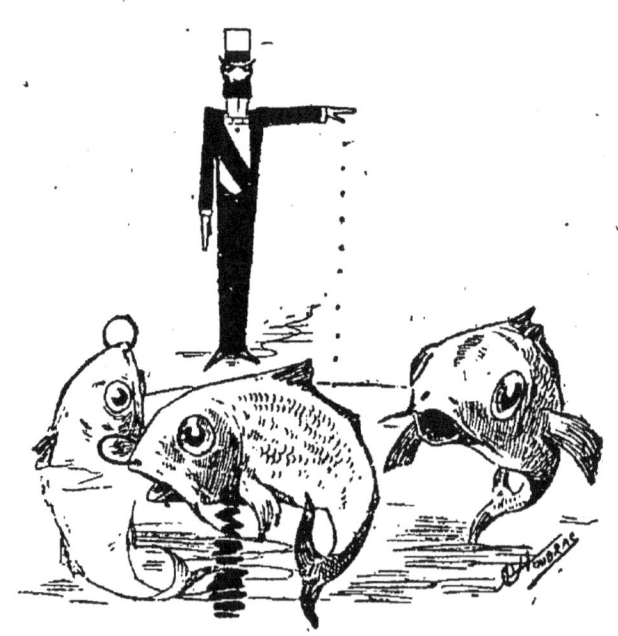

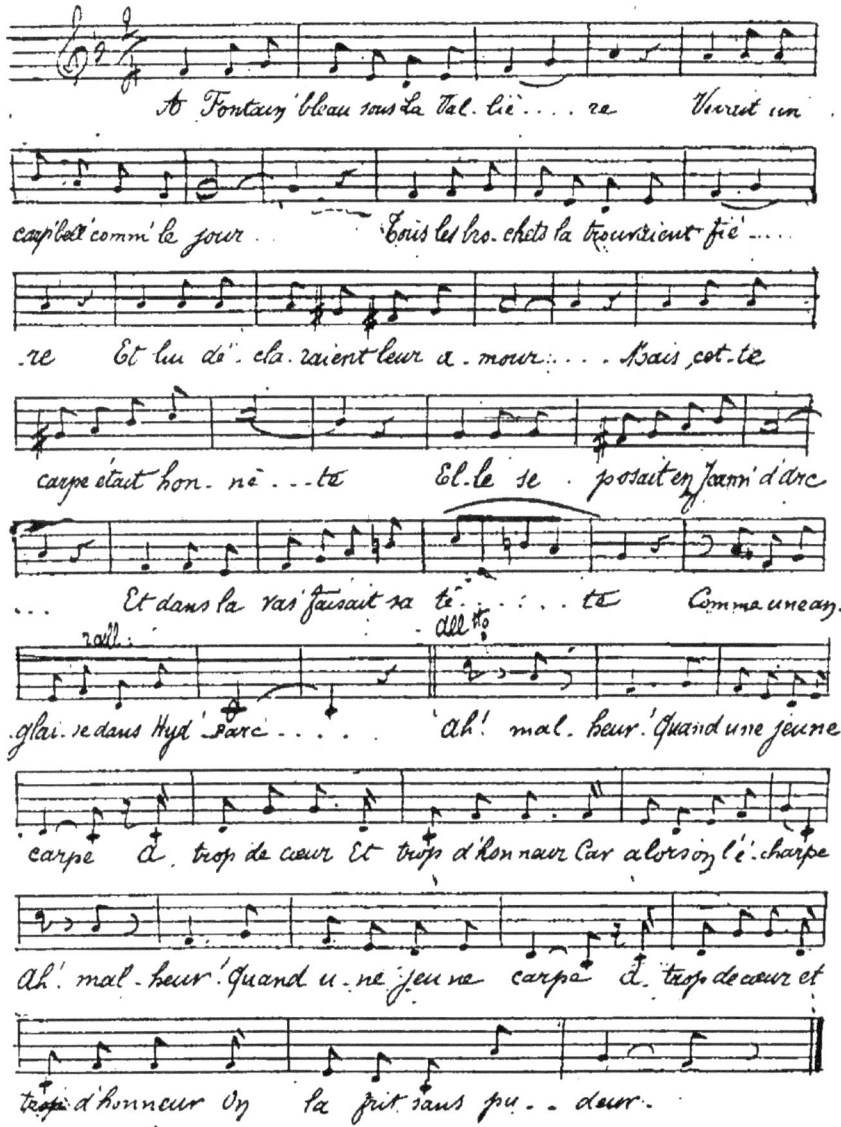

LES CARPES DU PALAIS DE FONTAINEBLEAU [1]

AIR : *Ah ! pour moi que la vie serait belle,*
si j'étais-t'-hirondelle (2)

REFRAIN

Ah ! malheur !
Quand une jeune carpe
A trop de cœur
Et trop d'honneur,
Car alors on l'écharpe !
Ah ! malheur !
Quand une jeune carpe
A trop de cœur.
Et trop d'honneur,
On la frit sans pudeur !...

---

(1) Chanté dans la revue : *Place au Jeûne !* (en collaboration avec G. GRISON).

(2) Publié avec l'autorisation de M. FOUQUET, éditeur à Paris, 9, boulevard Saint-Denis,

A Fontain'bleau, sous La Vallière,
Vivait un' carp' bell' comm' le jour ;
Tous les brochets la trouvaient fière,
Et lui déclaraient leur amour.
Mais cette carpe était honnête,
Elle se posait en Jeann' d'Arc,
Et, dans la vas', faisait sa tête
Comme une Anglaise dans Hyd'-Parc !...

  Ah ! malheur, etc.

Le roi Soleil, Louis quatorzième,
A cette carpe à la pudeur
Offrait des biscuits à la crème
Et du chocolat... du planteur !
En dépeignant tout' sa tendresse
A sa favorit' le grand Roi,
Du coin de l'œil, lorgnait sans cesse
La carp' qui se pâmait d'effroi...

  Ah ! malheur, etc.

Un matin auprès de sa carpe
Le grand roi fit une pleine eau,
Sa voix douce comme une harpe
Charma la carpe au cœur si chaud.

Le grand roi lui passa la bague,
Comme alliance, au bout du bec
Et d'puis plus d' deux siècles, (sans blague),
On peut la voir nager avec!...

    Ah! malheur, etc.

Depuis qu' monsieur Carnot habite
Ce Fontain'bleau qu'on croyait mort,
Chaque vieill' carpe y ressuscite
Et bâille heureuse en frôlant l' bord!
La carpe, en fait de politique,
Est muette comme un canot;
Mais, fièr' de r'naître en République,
On l'entend crier: Viv' Carnot!...

    Ah! malheur!
  Quand une jeune carpe
    A trop de cœur
    Et trop d'honneur,
Car alors on l'écharpe!

Ah ! malheur !
Quand une jeune carpe
A trop de cœur
Et trop d'honneur,
On la frit sans pudeur !...

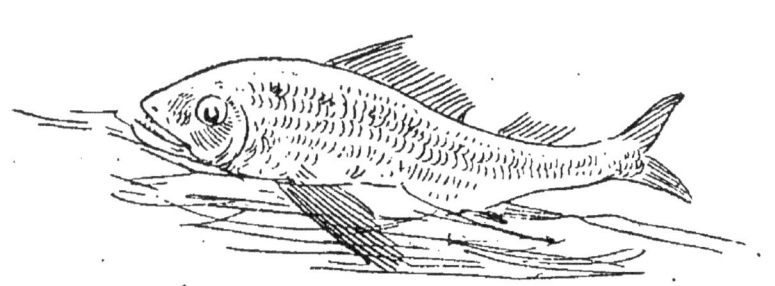

LA MARSEILLAISE
DES PUNAISES [1]

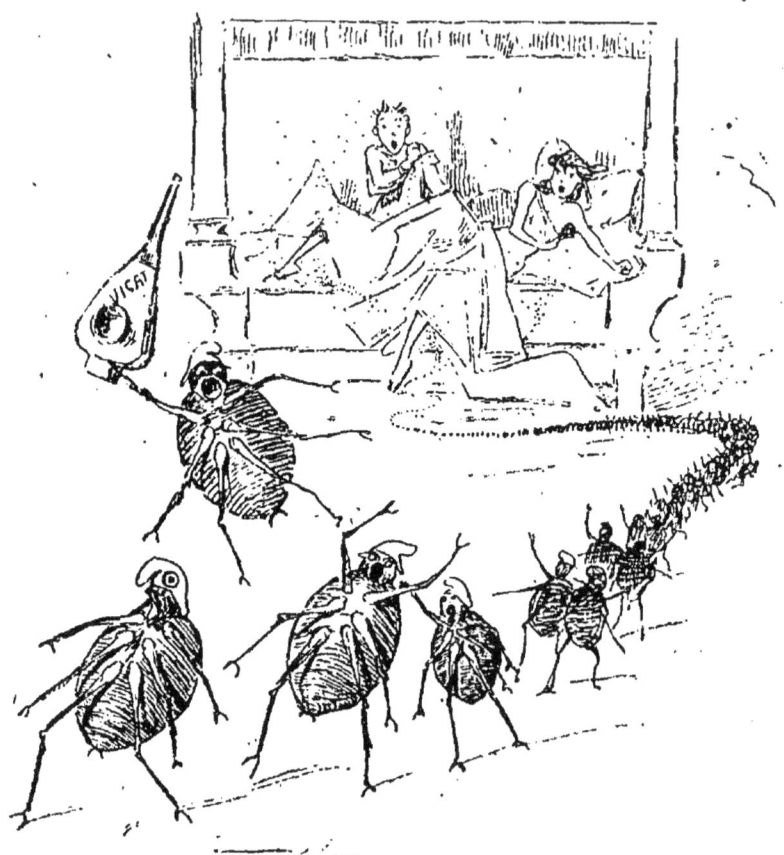

(1) La *Marseillaise nationale* se chante assis ou debout; — celle des Punaises se chante plus communément au lit, couché, et en se grattant.

A mon ami MELCHISSÉDEC, de l'Opéra.

LA MARSEILLAISE DES PUNAISES [1]

AIR de *La Marseillaise*

Punaises de France, ô patrie !
Le jour de boire est arrivé !
De l'été la saison chérie
Est pour nous le moment rêvé.
Déjà notre dard est levé !
Entendez-vous dans les alcôves
Nous maudire tous les humains ?
Un soufflet cruel dans leurs mains
Nous massacre comme des fauves !...

[1] Cette chanson a eu les honneurs de la reproduction dans nombre de journaux français et étrangers, et notamment dans le *Franco-Californien* de San Francisco.

Entre deux draps faisons
Nos festins, sans façons ;
Piquons,
Suçons,
Qu'un sang impur abreuv' nos bataillons!...

Jeunes et fringantes punaises,
Plates comme *Sarah Bernhardt,*
Prouvons que nous sommes françaises
Et que nous piquons avec art,
Car nous avons un fameux dard !
Il est minuit, dans chaque chambre,
Au lit, donnons-nous rendez-vous;
Traîtreusement régalons-nous
Des fines peaux jusqu'en novembre!...

Entre deux draps faisons
Nos festins sans façons ;
Piquons,
Suçons,
Qu'un sang impur abreuv' nos bataillons!...

— Ciel qu'ai-je vu ? De grosses larmes
Que verse une punaise... en deuil !
Ah! j'ai deviné ses alarmes :
Vicat mit les siens au cercueil,
Vicat les fit tourner de l'œil!

— Non, la raison de sa colère,
C'est qu'elle n'a pour tout repas
Que les beefteaks et les tibias,
Tout desséchés... d'un centenaire!...

Entre deux draps faisons
Nos festins sans façons ;
Piquons,
Suçons,
Qu'un sang impur abreuv' nos bataillons!...

Avant l'aurore un jeune couple,
Vu la chaleur, dort presque nu,
Et la punaise, adroite et souple,
Jette sur lui son dévolu.
Elle aime corps frais et dodu !
Ces amants s'en font une bosse ;
Comme ils se mangent de baisers !.
La punaise, aux instincts rusés,
S'offre aussi son festin... de noce !...

Entre deux draps faisons
Nos festins sans façons ;
Piquons,
Suçons,
Qu'un sang impur abreuv' nos bataillons !...

Mais nous avons pour concurrentes
Les punaises... des boulevards.
Elles sont bien plus provocantes
En se jetant sur les jobards,
Elles ruinent les vieillards!
Elles font aussi leur demeure
Dans les lits et courent les bois,
Laissant la jeunesse... aux abois..
Si je ne dis vrai, que je meure !...

Entre deux draps faisons
Nos festins sans façons;
Piquons,
Suçons,
Qu'un sang impur abreuv' nos bataillons !...

Toute punaise est éphémère,
L'été la voit naître et périr;
Tandis que mainte belle-mère
Vingt ans, trente ans, nous fait souffrir,
Et de chagrin nous fait mourir!
Sur cette rivale mauvaise,
L'insecticide ne mord pas;
Laissez-nous prendre nos repas ;
Laissez-nous en prendre à notre aise!...

Entre deux draps faisons
Nos festins sans façons ;
Piquons,
Suçons,
Qu'un sang impur abreuv' nos bataillons !...

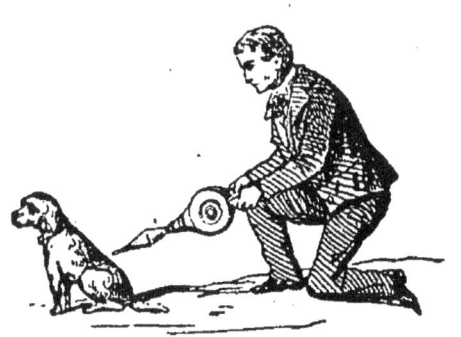

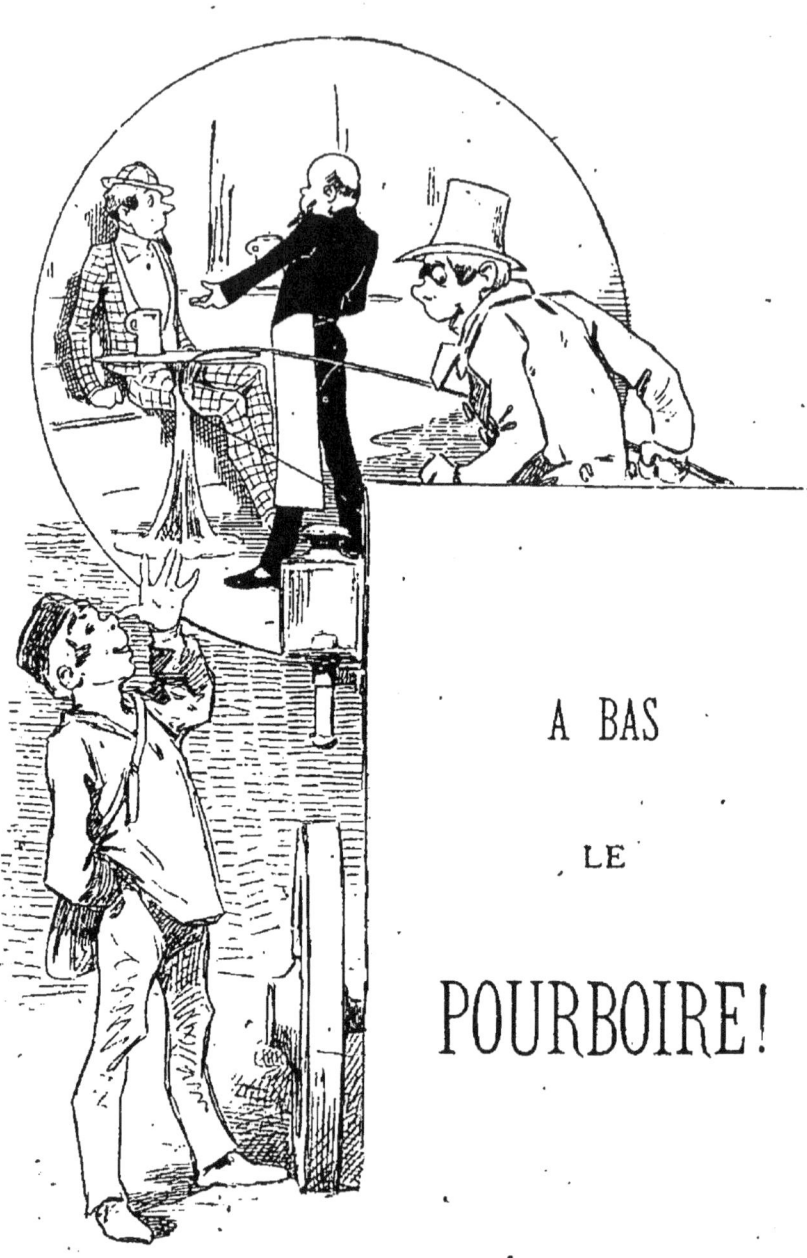

A BAS LE POURBOIRE!

A BAS LE POURBOIRE !

AIR : *C'est ta poire, ta poire*, chansonnette du répertoire de BOURGÈS

REFRAIN

Le pourboire,
    Pourboire, (*bis*)
Déplaît aux gens comme il faut ;
    Le pourboire
    Pourboire, (*bis*)
Est le plus stupide impôt !...

Des garçons d' café la grève
Est d'un bon enseignement.
Pas un d' ces gars-là ne crève
De faim ; tous ont de l'argent !
Qu'ils ne fass'nt donc plus leur poire
Et qu'ils nous vers'nt le Pernod !
    Oh ! oh ! oh !

    Le pourboire, etc.

Ah ! oui, comme ils sont à plaindre
Les ch'valiers du mazagran !
Comme ils ont raison de geindre
Et de déserter le rang !
Figur' glabre, ils se font gloire
De ressembler au *cabot*...
  Oh ! oh ! oh !
   Le pourboire, etc.

Les dieux de la limonade
Pontifient serviette au bras.
Du Riche au café de Bade,
Ce sont de vrais potentats !
Du sexe ils font la victoire
A la terrasse, chaud, chaud !...
  Oh ! oh ! oh !
   Le pourboire, etc.

Leur cauchemar, par exemple,
C'est l' domino, le jaquet,
Car le joueur, en leur temple,
Cause un *surmenag'* complet;
Mais, pour un petit déboire,
Y a bénéfice à gogo !...
  Oh ! oh ! oh !
   Le pourboire, etc.

Continuez vos affaires,
Estimez-vous, gais lurons,
Veinards, d'êtr' célibataires
Car vous mourrez tous *garçons !*
Mais renoncez au pourboire,
Il doit vous froisser bien trop ?...
  Oh ! oh ! oh !

    Plus d' pourboire
      Pourboire, *(bis)*
Garçons, soyez comme il faut,
    Plus d! pourboire
      Pourboire, *(bis)*
A bas ce stupide impôt !...

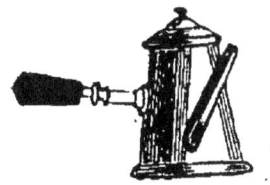

OTE-TOI DE LA QUE JE M'Y METTE!

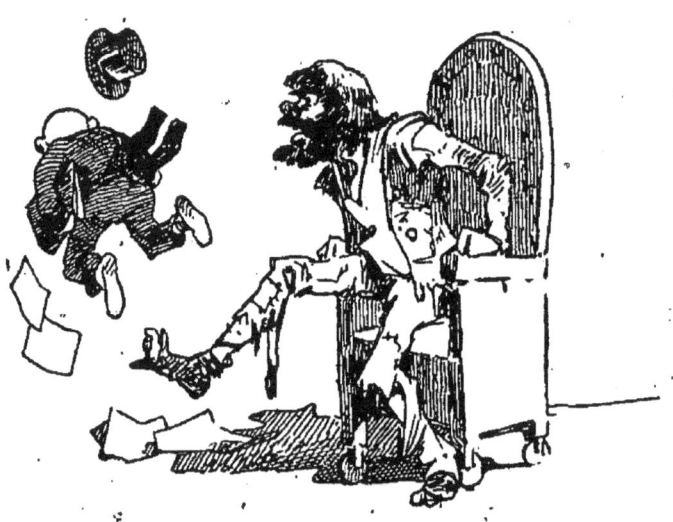

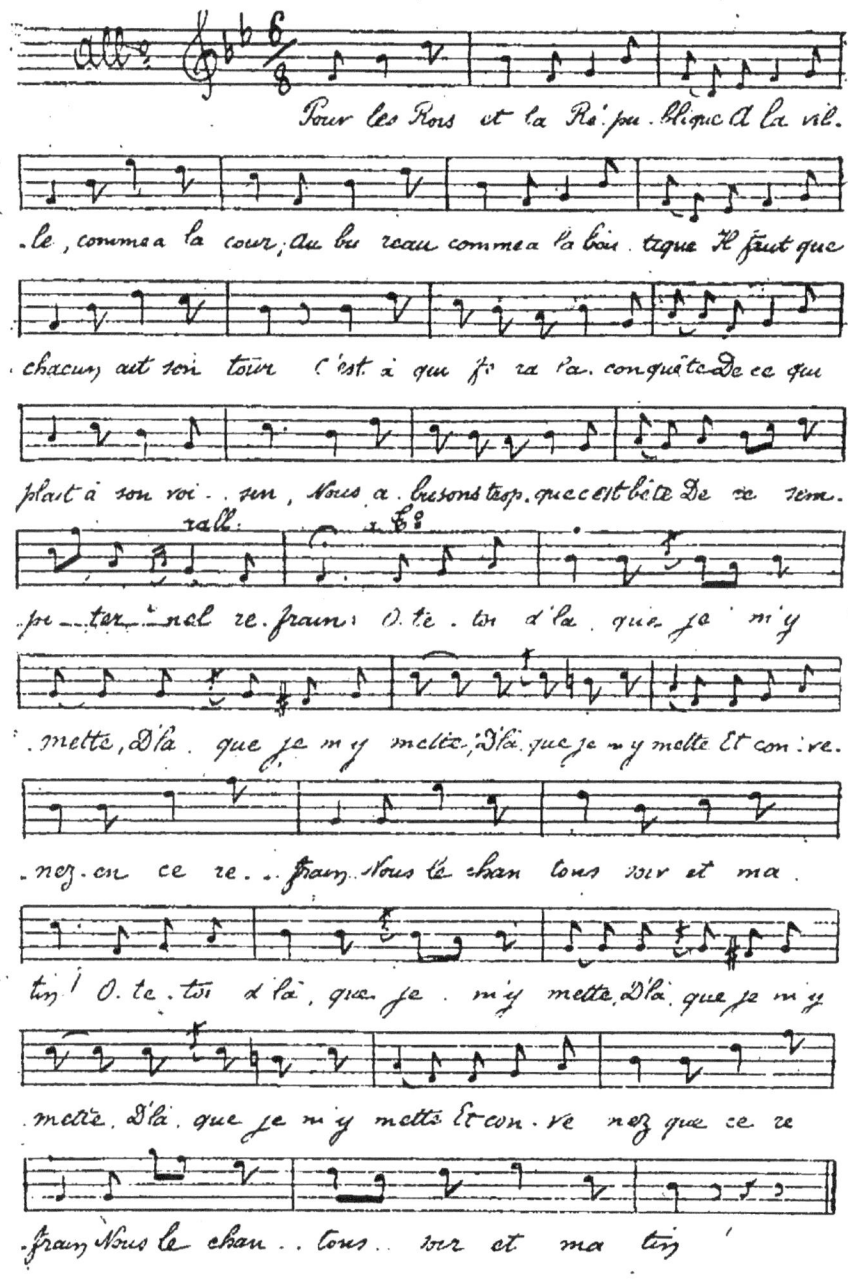

OTE-TOI DE LA QUE JE M'Y METTE !

(Chanson perpétuellement de circonstance)

AIR : *Jadis les rois, race proscrite, etc.* (1ᵉʳ acte, *La Fille de Mᵐᵉ Angot*) (1)

REFRAIN

Ote-toi de là que je m'y mette
  Que je m'y mette, (*bis*)
Ah ! convenez que ce refrain
Dépeint fort bien le genre humain.
} *bis.*

Pour les rois et la république,
A la ville comme à la cour,
Au bureau comme à la boutique,
Il faut que chacun ait son tour ;

(1) Publié avec l'autorisation des éditeurs P. L. MAQUET et Cⁱᵉ, successeurs de BRANDUS, 103, rue Richelieu, Paris.

C'est à qui fera la conquête
De ce qui plaît à son voisin.
Nous abusons trop, que c'est bête,
De ce sempiternel refrain :
Ote-toi de là que je m'y mette, etc.

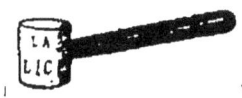

Le palais remplace le bouge,
La ville fait aimer les champs ;
D'aucuns coiffent un bonnet rouge,
D'autres prônent les bonnets blancs ;
En amour c'est même étiquette,
J'entends crier l'amant malin
Au mari qui porte la tête
Du classique Georges Dandin :
Ote-toi de là que je m'y mette, etc.

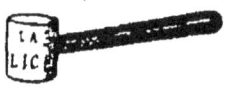

Aux jours froids, pluvieux, humides,
Succèdent ceux que nous aimons ;
Le soleil luit, les chrysalides
Deviennent de beaux papillons.

Au maître l'apprenti tient tête,
Il devient maître un beau matin
Aux émeutes c'est même fête
Et même but, c'est bien certain :
Ote-toi de là que je m'y mette, etc.

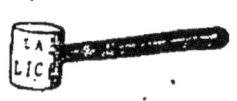

La rare grisette qui reste,
Demain, qui sait, remplacera
L'*Horizontale* au regard leste
Et la *Goulue*... à l'Opéra !
La feuille de vigne, à la mode
Du temps de nos parents malins,
Cède au veston, laid, incommode,
Le droit d'habiller nos gandins !...
Ote-toi de là que je m'y mette, etc.

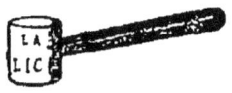

Dans mille lieux où l'on s'arrête,
On rencontre des envieux ;
Chacun veut grimper sur la tête
De son rival, pour faire mieux.

A partir, ganache, sois prête,
Dit à son père un galopin,
Au champ de repos, à tue-tête,
On crie encore; et c'est la fin !...

Ote-toi de là que je m'y mette
    Que je m'y mette, (*bis*)
Ah ! convenez que ce refrain } *bis*
Dépeint fort bien le genre humain !

LES BAINS FROIDS

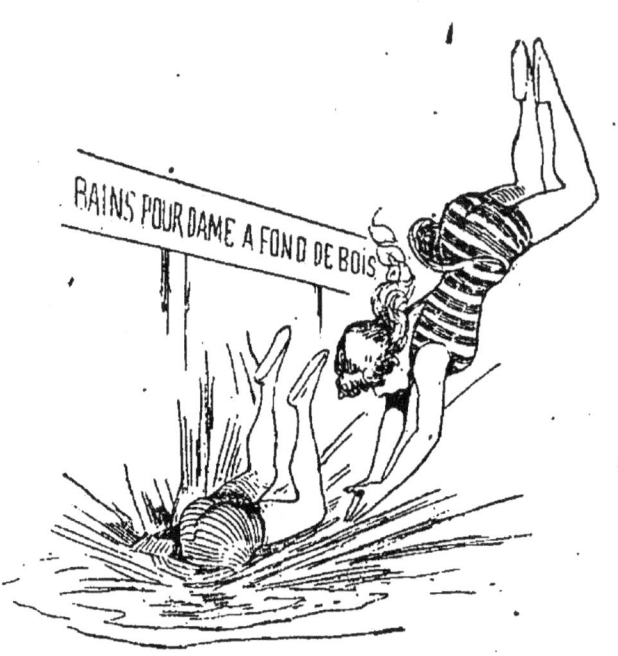

LES BAINS FROIDS

Air d'*Orphée aux Enfers* (2ᵉ acte)
Ah! ah! ah! on connaît les farces, Jupin. (1)

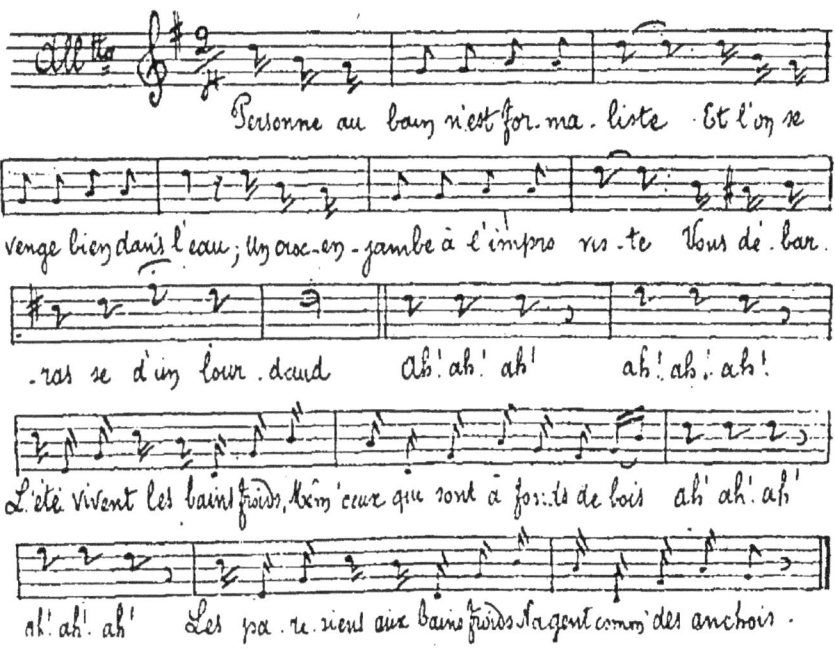

Personne, au bain, n'est formaliste,
Et l'on se venge bien dans l'eau;
Un croc-en-jambe, à l'improviste,
Vous débarrasse d'un lourdaud!...
 Ah! ah! ah!

(1) Publié avec l'autorisation de MM. Heugel et Cⁱᵉ, éditeurs-propriétaires, rue Vivienne, 2 *bis*, Paris.

Dans l'eau plus de coquetterie,
On y trouve l'Égalité
Qui paraît encor plus jolie
Dans le nu de la Vérité!...
    Ah! ah! ah!

Pauvres maris comme on vous traite,
Souvent quand votre femme dit :
« Il faut que je pique une tête!... »
C'est de la vôtre qu'il s'agit!..
    Ah! ah! ah!

Députés de chaque nuance,
Sénateurs des plus rococos
Gardent au bain leur suffisance
Et nagent bien entre deux eaux!...
    Ah! ah! ah!

Le caleçon joue un grand rôle;
N'allez pas, c'est de mauvais goût,
Au verso, croyant être drôle,
Écrire ces mots : « Lâchez tout!... »
    Ah! ah! ah!

Lorsque tant d'hommes font la planche
Au bain froid, sous notre regard,
Est-il juste que l'on retranche
Même droit... à Sarah Bernhardt?...
    Ah! ah! ah!,

S'il arrive que dans la Seine
On s'amuse à quelques plongeons,
On peut remonter la main pleine
De microbes et de goujons!...

   Ah ! ah ! ah !

Les amoureux de la plastique,
Trouant les planches des bains froids,
Ont un plaisir pornographique
Aux bains pour *dame à fond de bois!*...

   Ah ! ah ! ah !

Comment W..son, dans sa manie
De décorer le genre humain,
N'alla-t-il pas, honte finie,
Se plonger dans l'Ordre du Bain !...

   Ah ! ah ! ah !
   Ah ! ah ! ah !
 L'été, vivent les bains froids,
 Mêm' ceux qui sont à fond d' bois !
   Ah ! ah ! ah !
   Ah ! ah ! ah !
Les Parisiens aux bains froids
 Nagent comm' des anchois !

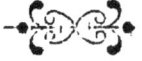

LA CASSETTE

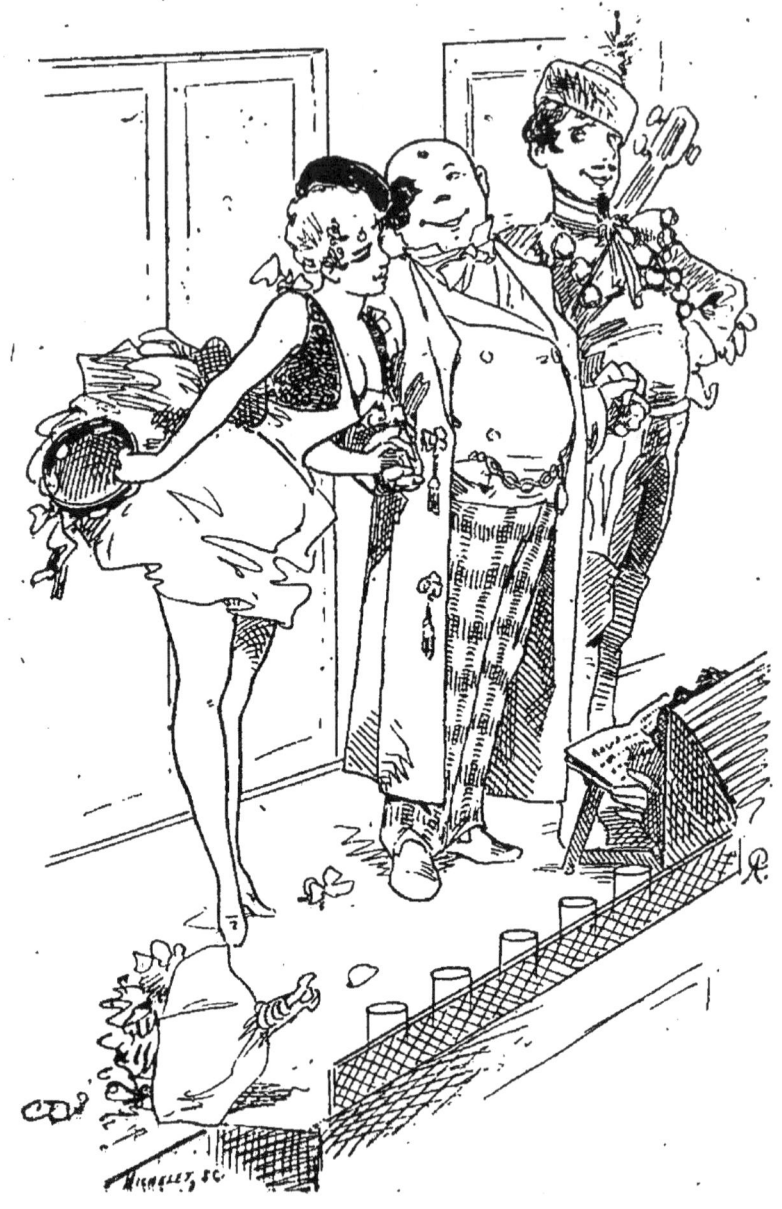

A MALVINA

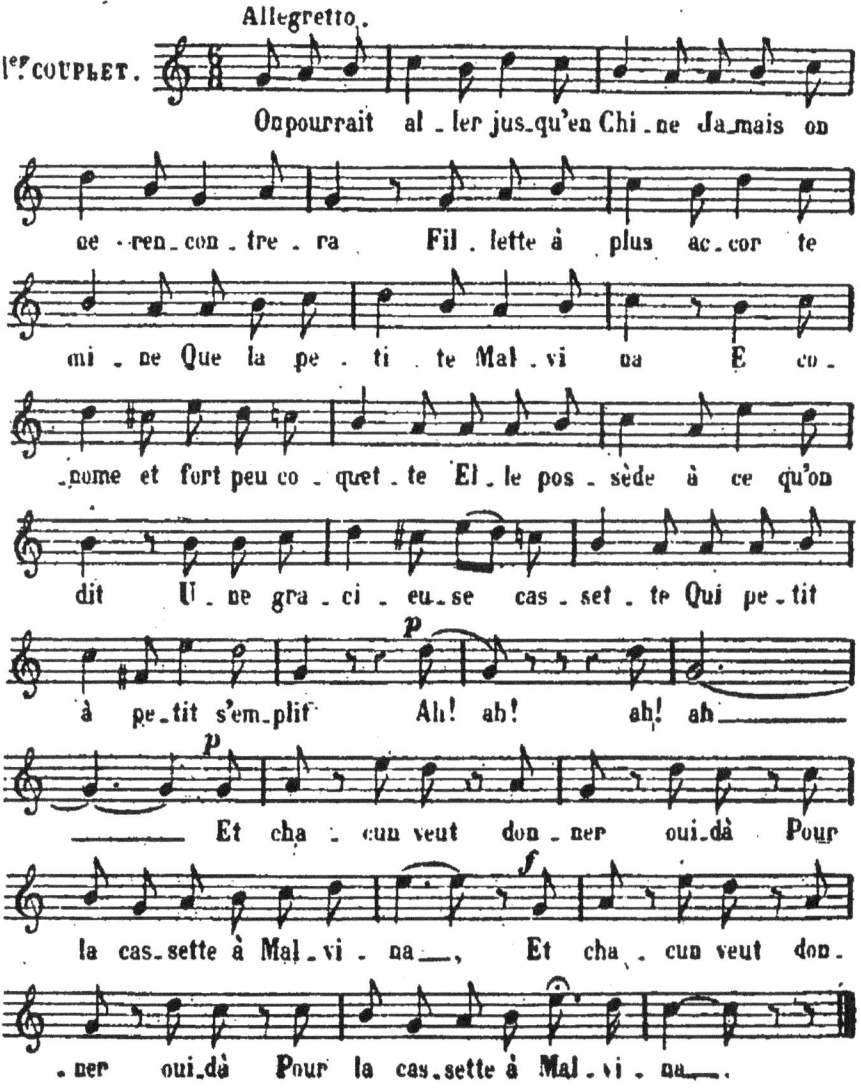

LA CASSETTE A MALVINA

Chansonnette chantée par Mme THÉO. — Musique de Marius Boullard (1)

—

On pourrait aller jusqu'en Chine,
Jamais on ne rencontrera
Fillette à plus accorte mine
Que la petite Malvina.
Econome et fort peu coquette,
Elle possède à ce qu'on dit
Une gracieuse cassette
Qui, petit à petit s'emplit!
(avec un gros soupir)   Ah! ah! ah!
Car chacun veut mettre oui-da   } bis
Dans la cassette à Malvina!... }

(1) Publiée avec l'autorisation de M. L. EVEILLARD, éditeur, 2, boulevard de Strasbourg, Paris.

Un jour, Malvina, quelle aubaine !
Fit la conquêt' ru' Monthabor,
D'un souverain couleur d'ébène
Qui la couvrit de lingots d'or.
Malheureus'ment, voici la chose :
Malvina préfère l'homm' blanc ;
Pour un gommeux à l'eau de rose,
Elle laissa bon nègre en plan !
   Ah ! ah ! ah !
Et dès alors qui se ferma ?   ⎫
C'est la cassette à Malvina !... ⎭ *bis*

Maint'nant, toute à la comédie,
Malvina joue à l'Odéon,
Et faut voir comme elle est ravie
Quand elle dit trois mots d'aplomb.
Les auteurs, pleins de gentillesses,
Lui feront un rôle à maillots ;
En revanche de ses caresses
Elle encaiss'ra des monacos !
   Ah ! ah ! ah !
Oui, vraiment, c'est à qui mettra ⎫
Dans la cassette à Malvina !... ⎭ *bis*

Malvina, trop rarement pense
Que l'hiver succède au printemps.
Enfant prodigue elle dépense
Sans jamais songer aux vieux ans.

Je lui dis : Pauvre imprévoyante,
Quand tu ne pourras plus... jouer,
Quand tu s'ras sans un sou de rente
Que f'ras-tu pour te renflouer ?
   Ah! ah! ah!
Non, plus personne ne mettra ⎫ *bis*
Dans la cassette à Malvina!... ⎭

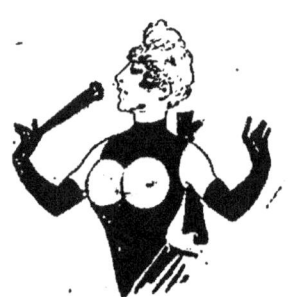

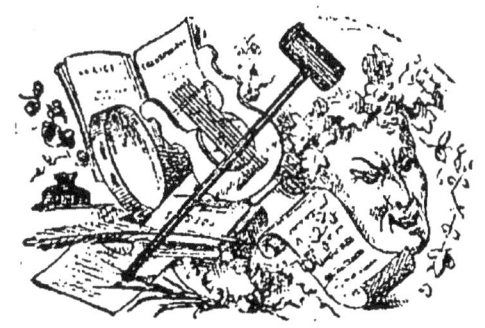

A mon ami CHEBROUX.

NOUS GRÈVERONS TOUS !...

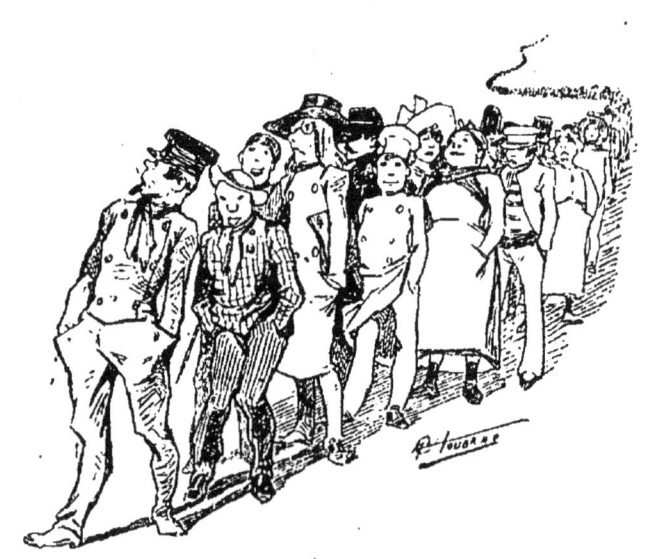

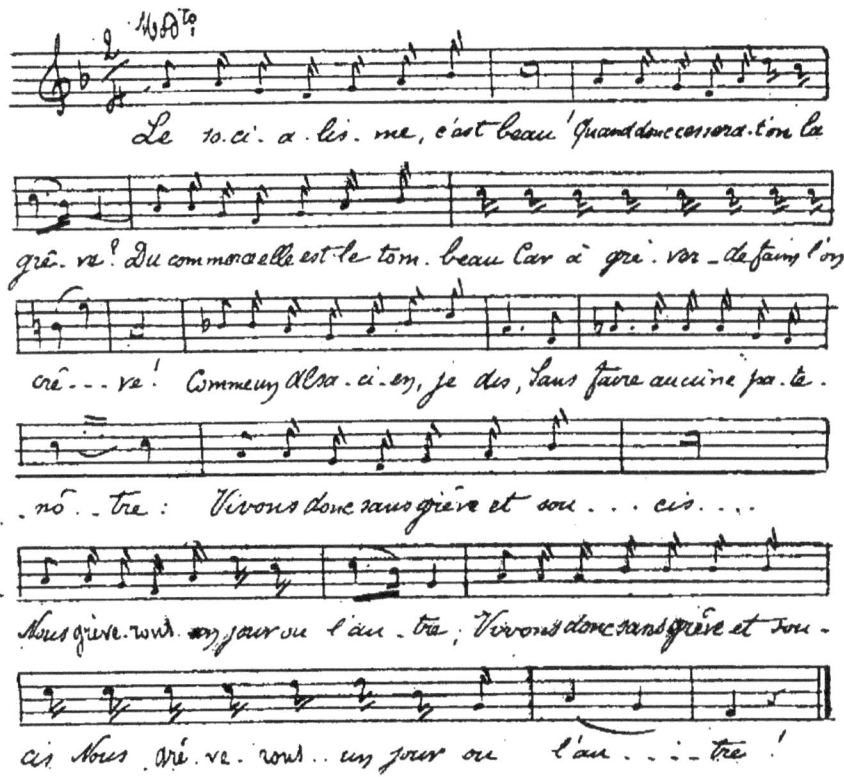

NOUS GRÈVERONS TOUS !...

AIR de *l'Apothicaire* (CLÉ DU CAVEAU)

Le socialisme, c'est beau !
Quand donc cessera-t-on la grève ?
Du commerce elle est le tombeau,
Car à gréver — de faim l'on crève !
Comme un Alsacien, je dis,
Sans faire aucune patenôtre :
Vivons donc sans grève et soucis, } *bis.*
Nous *gréverons*... un jour ou l'autre !...

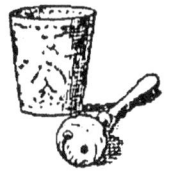

La grève est une absurdité ;
Aidons les gueux dans la détresse,
Mais laissons, l'hiver et l'été,
Geindre les fils de la paresse.
Que de gens jaloux, mécontents,
Ne rêvent qu'un seul bien : le vôtre !
Travaillez donc, cré fainéants,
Vous *grèverez*... un jour ou l'autre !

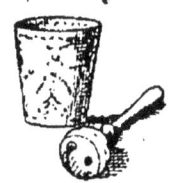

Retombez tous, sans plus de soins,
Dans cette ornière de la grève ;
Mais, en ce cas, faites du moins
De ces grèves dont, moi, je rêve :
Faites gréver les croque-morts,
Gréver l'ivrogne qui se vautre,
Gréver tous les huissiers retors,
Qu'ils *grèvent* tous l'un après l'autre !

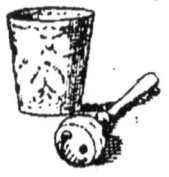

Que l'horizontale, à son tour,
La grâce de gréver nous fasse;
Car ainsi, peut-être l'amour,
Parmi nous reprendra sa place.
Si, de plus, tous les médecins
Grévaient en chœur, les bons apôtres,
A cent ans seulement, bien sains,
Nous *grèverions* les uns les autres !

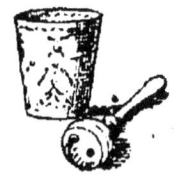

En fait de grève, il ne faudrait
Prôner que celle de la plage.
Sur son sable fin et propret
S'esbattent baigneurs de tout âge.
C'est *place de Grève*, à Paris,
Qu'on châtiait mainte vermine.
Là, voleurs, assassins, bandits
Grèvaient tous... par la guillotine !...

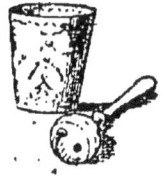

Une grève que volontiers
Je traiterais de maléfice,
C'est la grève des chansonniers,
Ces gais poètes sans malice.
La Chanson, je puis le prouver,
A chômer se montre rebelle ;
Mais, quand elle voudra gréver,
Jurons de *gréver* avec elle !...

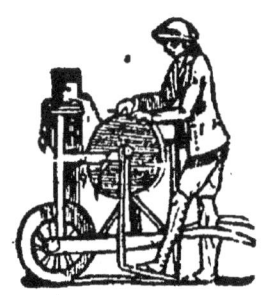

A mes confrères les Asthmatiques et Emphysémateux de France.

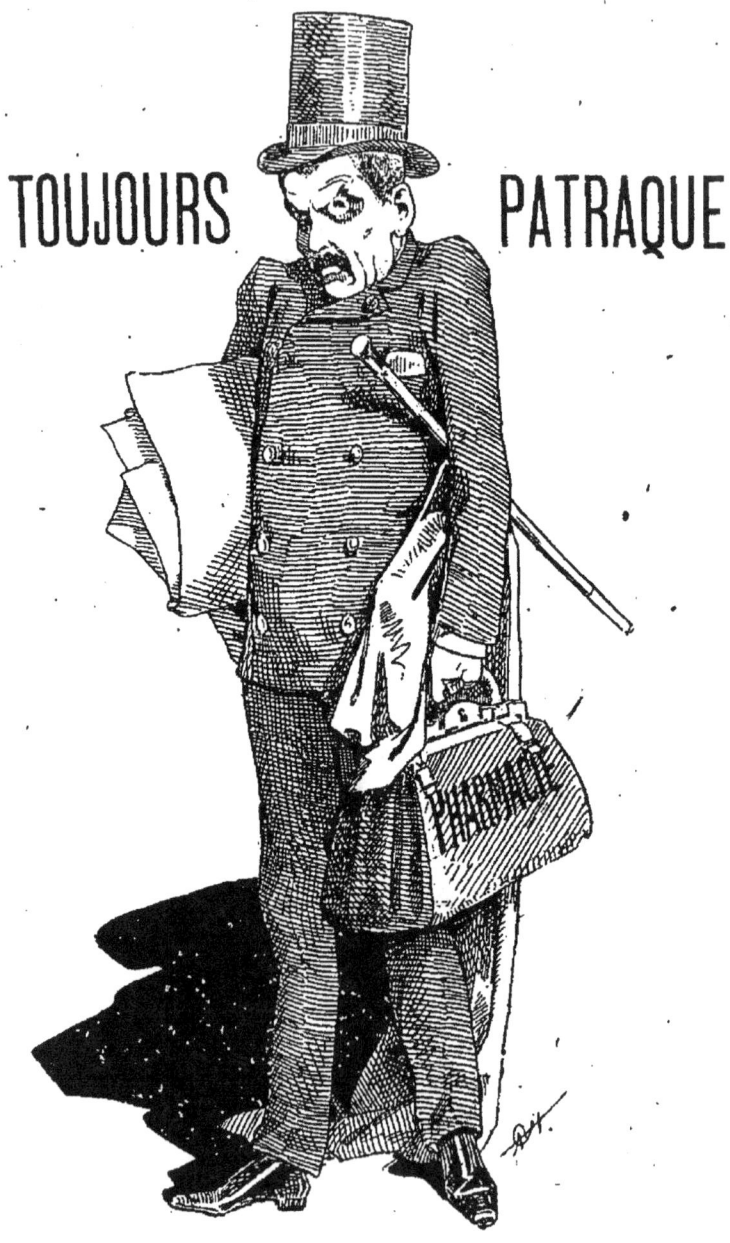

TOUJOURS PATRAQUE

TOUJOURS PATRAQUE !

—

AIR de *Paillasse* ou du *Bal de l'Hôtel-de-Ville*

Quand au monde, moi, j'apparus,
    Je g... criai comme un âne ;
Je n'étais pas l'enfant Jésus,
    Je n'étais pas très crâne ;
      Un vieux médecin
      Me voyant au sein,
    Blanc comme sandaraque,
      Dit à ma maman :
      Votre pauvre enfant
    Sera toujours patraque !... (*bis*).

Au collège j'étais toujours
    Le plus heureux en classe,
Car, malade, j'étais les jours
    Où l'examen se passe.

Etais-je puni ?
En roublard fini,
Je feignais une attaque
De nerfs. Le recteur
M' traitait en douceur
Comme un enfant... patraque !... *(bis)*.

Au moment de tirer au sort,
J'eus vraiment de la veine :
J'étais si frêle et si peu fort
Qu'à voir je faisais peine !
A la révision,
Sans discussion,
On m'ausculte, on me claque.
L' major dit : C' gars là
N' f'ra pas un soldat.
Refusé ! trop patraque !... *(bis)*.

A vingt-cinq ans quoiqu' délicat,
On n'en est pas moins homme ;
Près d'une jeune catinka,
Je voulus faire un somme ;
Malheureusement,
Au plus doux moment,
L'asthme soudain me traque !
Et, lâchant mon luth,
La bell' me dit : « Zut !
Ah ! t'es par trop patraque !... *(bis)*.

Voulant tâter du doux hymen,
J'en fis l'expérience,
Mais je n'y trouvai pas l'Eden,
Quel accès de démence !
Ma belge moitié,
Au cœur sans pitié,
Disait : quel maniaque !
Alors que poussif,
Mais très sensitif,
Je n'étais que... patraque !!.. (bis)

Voilà quarante-cinq printemps
Qu'en cet état j'existe !
J'ai passé des jours peu tentants,
J'eus plus d'une nuit triste !
Que d'enterrements,
Je suis d'puis longtemps !
La Mort fait ma baraque...
Veillant sur mon sort,
M' laiss'ra-t-elle encor
Jusqu'à cent ans patraque !... (bis).

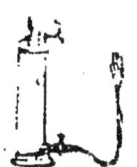

DERRIÈRE MON CORBILLARD !...

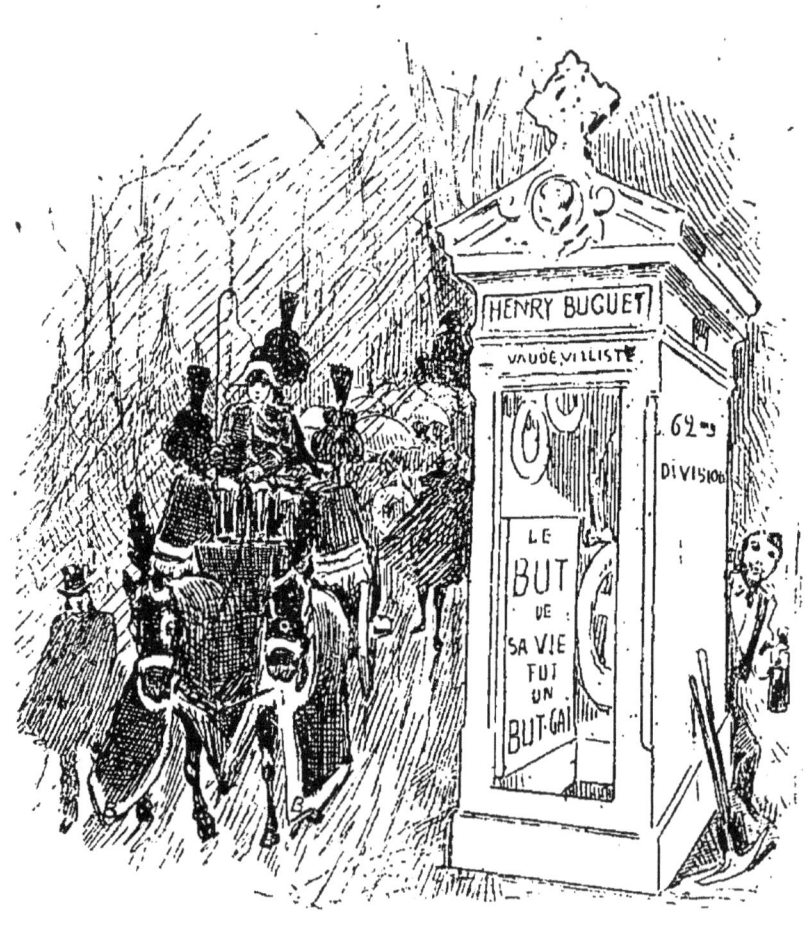

DERRIÈRE MON CORBILLARD !...

AIR du *Mollet de Rose* ou du *Petit Rigollot*

Chansonnette du répertoire d'YVETTE GUILBERT

N'ayant de la *Camarde*
Jamais eu par trop peur,
Je veux qu'elle me garde
Son rire et sa faveur.
On connaît ma devise :
« Mon but est *but gai* » Dar, —
— Dare, qu'on la redise...
Derrièr' mon corbillard !...

Je voudrais, par miracle,
Comme fit Charles-Quint,
Voir vivant le spectacle
De mon convoi... mondain !
Je verrais au cortège
Qui pleure mon départ,
D'amis combien aurai-je
Derrièr' mon corbillard ?...

J'aime beaucoup la femme,
Et ma punition,
Serait, en rendant l'âme,
Cette privation !
Je veux qu'au cimetière
L'amour suive mon char ;
Qu'on place tout Cythère
Derrièr' mon corbillard !...

C'est au Père-Lachaise
Qu'on me calfeutrera.
J'y veux dormir à l'aise
Au trou que j'ai déjà !

Que les gens de théâtre
M'escortent sans *pleurard;*
Je veux qu'on soit folâtre
Derrièr' mon corbillard!...

Pour la pompe funèbre
Je sais le goût public,
Et, si je meurs célèbre,
Je veux un convoi... chic !
C'est l' moyen à la ronde,
D'attirer le jobard,
Et d'avoir beaucoup d' monde
Derrièr' mon corbillard!...

J'ai fait maintes revues,
Journal, Livre, Chanson,
Sans étendre mes vues
Jusques au Panthéon !
Puisse mon fils unique
Faire autre chose, car
Sans suite... académique
Roul'ra mon corbillard!...

Plus d'un bon camarade
Me débinant d'aplomb
Dira : Grincheux malade,
Te voilà dans ton *plomb!...* »
D'autres diront : Son asthme
L'a bien mis au rancart. »
Cancan, potin, sarcasme
Suivent tout corbillard!...

Si l'on dit sur ma tombe
Un speech divertissant,
En bon vivant qui tombe
Je me f'rai du bon sang !
Que la *Lic' Chansonnière*
Et le *Caveau* gaillard
Chantent la bonne *bière*
Derrièr' mon corbillard!...

On fait sur épitaphe
Cent mensonges pieux ;
Sur moi, cher biographe,
Mets ces mots gracieux :

« Il eut le cœur très tendre,
» D'esprit il eut sa part;
» A nous, maint'nant, de prendre...
» *Son joyeux corbillard!!* »

20 juin 1891.

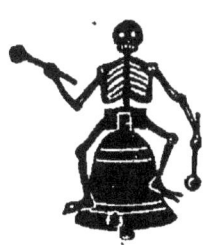

» *Je désire formellement que cette chanson soit réimprimée au*
« *verso de mes lettres d'enterrement.* »

H. B.

A Potel et Chabot.

LE DÉGUSTATEUR DE CONDIMENTS

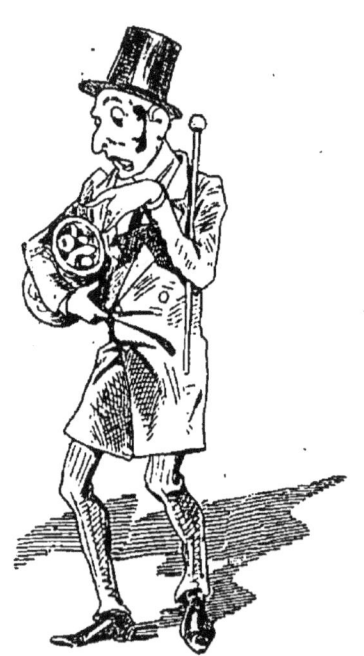

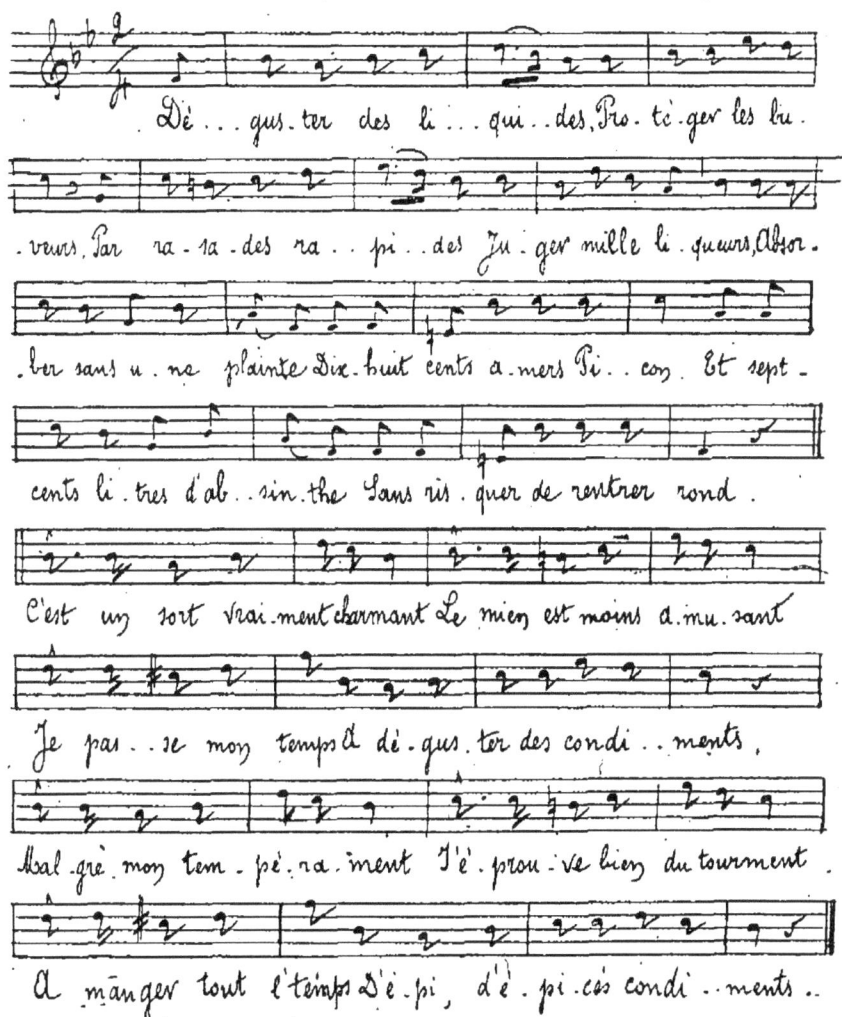

LE DÉGUSTATEUR DE CONDIMENTS

Chanté par SULBAC à l'Eldorado

Souvenir de la Section alimentaire à l'Exposition universelle de Paris 1891 (1)

(1) AIR de *La Belle Polonaise*, (musique de MARC CHAUTAGNE).

Déguster des liquides,
Protéger les buveurs ;
Par rasades rapides
Juger mille liqueurs ;
Absorber sans une plainte
Dix-huit cents amers Picon
Et sept cents litres d'absinthe
Sans risquer de rentrer rond,

(1) Publié avec l'autorisation de M. O. BORNEMANN, successeur de LE BAILLY, éditeur, 2 *bis*, rue de l'Abbaye-Saint-Germain-des-Prés, Paris.

REFRAIN

C'est un sort vraiment charmant,
Le mien est moins amusant,
Je passe mon temps
A déguster des condiments
Malgré mon tempérament,
J'éprouve bien du tourment
A manger tout l' temps.
D'épi, d'épicés condiments !...

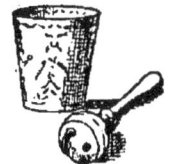

Trop boire, c'est l'ivresse,
Ça fait mal aux cheveux,
Mais vivent les prouesses
D'un pochard valeureux !
De mon martyr Dieu vous garde !
Car j'ai fait l'absorption
De treize cents pots d' moutarde !
Est-ce très... *rigolo?* Non.

C'est un sort vraiment charmant,
Le mien est moins amusant,
Je passe mon temps
A déguster des condiments.
Etc., etc.

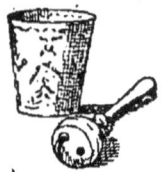

J'ai la langue en charpie,
Ma foi, j'en fais l'aveu,
J'ai toujours la pépie,
J'ai l'œsophage en feu !
Je me dis : quel rôle joue-je ?
Je m'oblitère le goût
A sucer du poivre rouge,
Et des girofles le clou !!!

C'est un sort vraiment charmant,
Le mien est moins amusant,
Je passe mon temps
A déguster des condiments !...
Etc., etc.

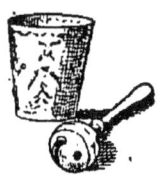

Ce métier rend passible
Des tribunaux, je l' sens,
Car rien ne rend terrible
Comme certains piments ;

Un' nuit, m' croyant du picrate
Et du cornichon dans l' sang,
Plein d'amour, à coups d' savate,
Je sautai sur... bell'-maman !

C'est un sort vraiment charmant,
Le mien est moins amusant,
Je passe mon temps
A déguster des condiments.
Malgré mon tempérament,
J'éprouve bien du tourment
A manger tout l' temps
D'épi, d'épicés condiments !...

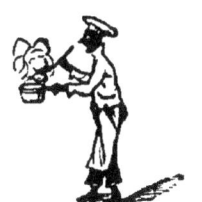

LES PASSAGES DE PARIS

(Chantés par Sulbac à l'Eldorado)

(Voir l'air de la chanson *Monnaie de Singe*, dans ce volume, p. 164)

REFRAIN

Les passages (*bis*)
De Paris sont d' gais voyages.
Dans les passages passons,
Puis, nous y repasserons!...

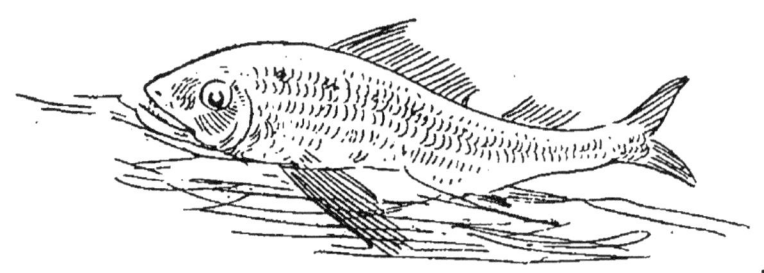

Du *Saumon* l' passage
Vous est très connu.
C' passage encourage
Très peu la vertu.
Là, Molière eut son école,
Et la modiste fait d' l'œil
A tout passant qu'elle immole
Dès qu'il a franchi son seuil.

Les passages, etc.

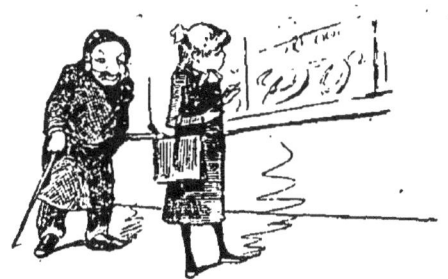

Passag' du *Désir* veut dire
Que dans c' passag' là
On n'a pas c' qu'on désire,
Mais p't'êtr' qu'on l'aura.

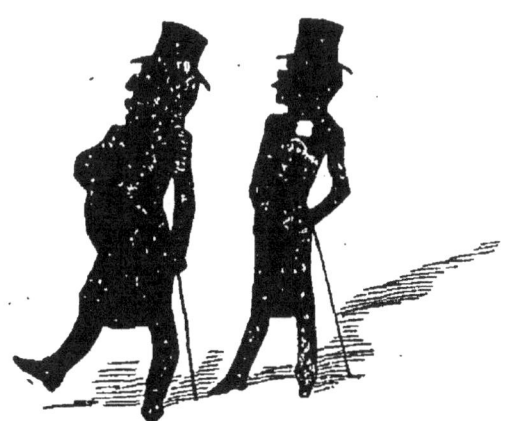

L' passag' des *Princ's*, c'est autr' chose :
Les princ's n'y prennent plus l'air.
La *Grand' Duchesse* en est cause ;
D'mandez plutôt à... Schneider !

    Les passages, etc.

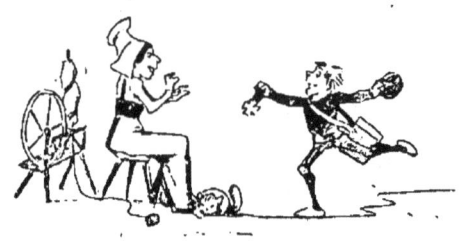

Passag' *Bonn' Nouvelle*
A fait fuir l'amour,
Depuis qu' la vaisselle
Y loge au grand jour.
Longtemps on risque d'attendre,

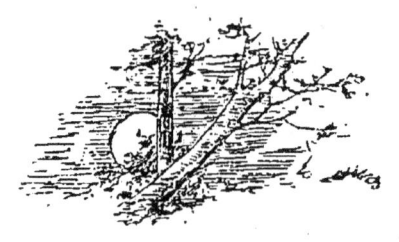

Passage *Delorme*, aux aguets.
L' passag' *Vendôme* il faut prendre
Pour s'arrêter... aux closets !...

Les passages, etc.

Les cornards vont rire

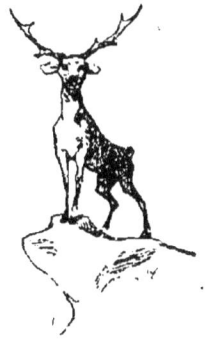

Passag' du *Grand-Cerf*;
Mais on n' peut pas dire
Qu'ils manquent de nerf...
Le passag' *Verdeau* m'altère;

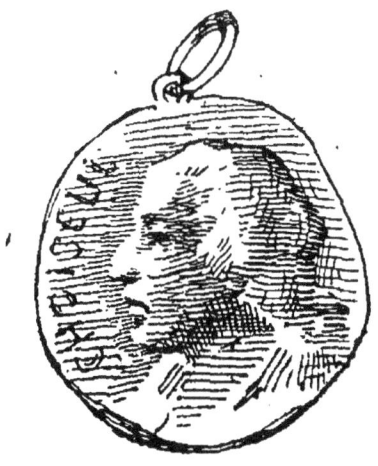

Je *bouffe* passag' *Choiseul*,

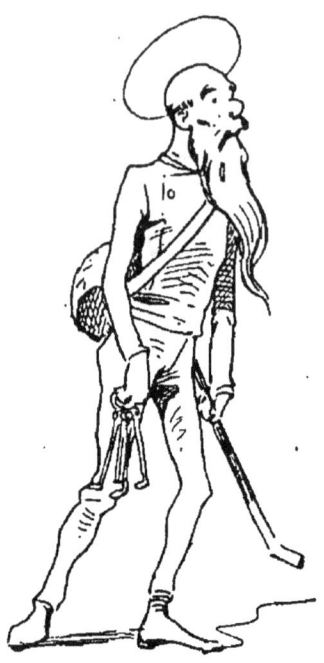

Et c' n'est point passag' *Saint-Pierre*
Que l' Paradis s'ouvr' tout seul !...

REFRAIN

Les passages (*bis*)
De Paris sont d' gais voyages.
Dans les passages passons,
Puis nous y repasserons !...

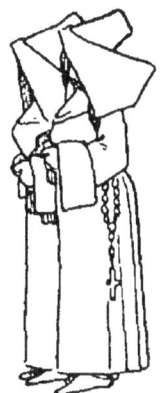

Des *Deux-Sœurs* le passage
Touche au *P'tit Journal;*
Quéqu' fois j'y fais stage
Sans être immoral...

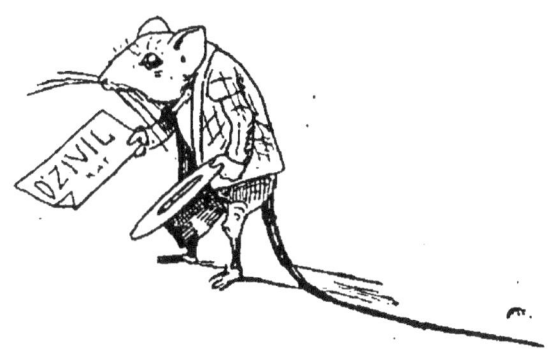

Le passag' *Radziwil* passe
Sous la plus haute maison;

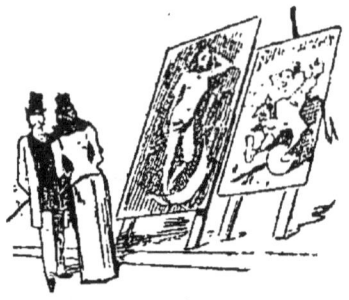

Passag' *Jouffroy* je repasse
Pour suivr' plus d'un cotillon.

Les passages, etc.

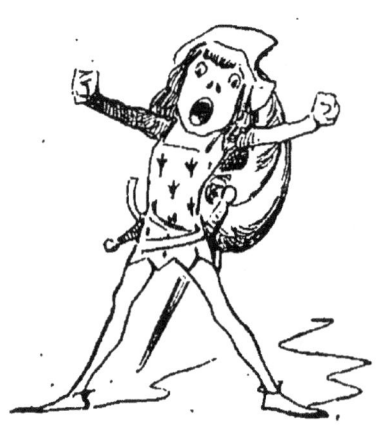

De l'*Opéra* l' passage
Est loin de l'Opéra,
L'intrigue y faisait rage
Lorsqu'on s'y déguisa.

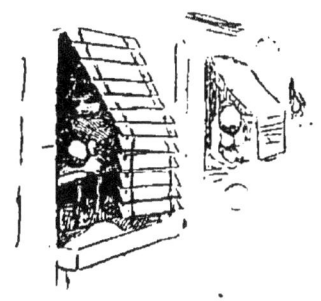

L' passag' *Saulnier* eut un crime
Dont le mobil' fut l' quibus.
Dans vingt passag's l'amour trime...
Autant d' passag's de... *Vénus!*...

Les passages, etc.

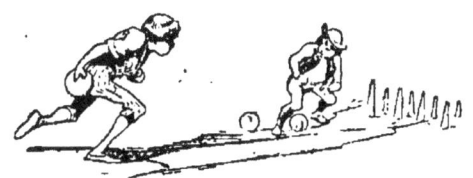

Passag' du *Jeu d' Boule*,
Ne *la* perdez pas.
On passe en grande foule.

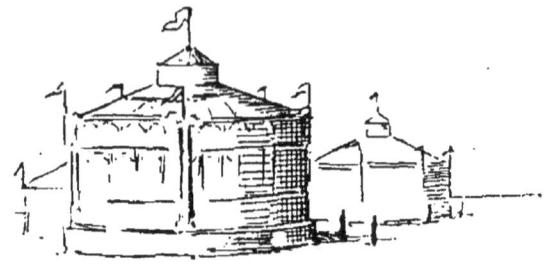

Aux *Panoramas*.
Passage de *l'Industrie*
Et du *Commerce*, à Paris
Sans passer par la mairie,
On fait l' commerce entre amis !

Les passages, etc.

Pour louer un' veste
V'là l' passag' *Brady*.

(1)

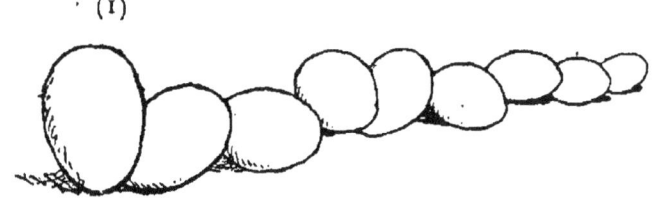

L' passag' *Neveu* reste
Sans tant', Dieu merci !

(1) Comptez, il y a bien neuf œufs.

Sans pour ça traîner savate,

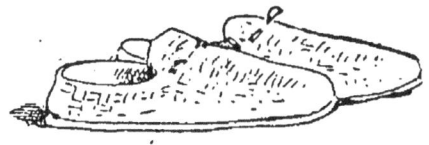

On aim' le passag' *Chausson*,
Où je m'arrête, car ça *vate*...
Vous paraître un peu trop long!...

Les passages (*bis*)
De Paris sont d' gais voyages.
Dans les passages passons,
Puis nous y repasserons!...

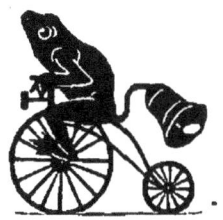

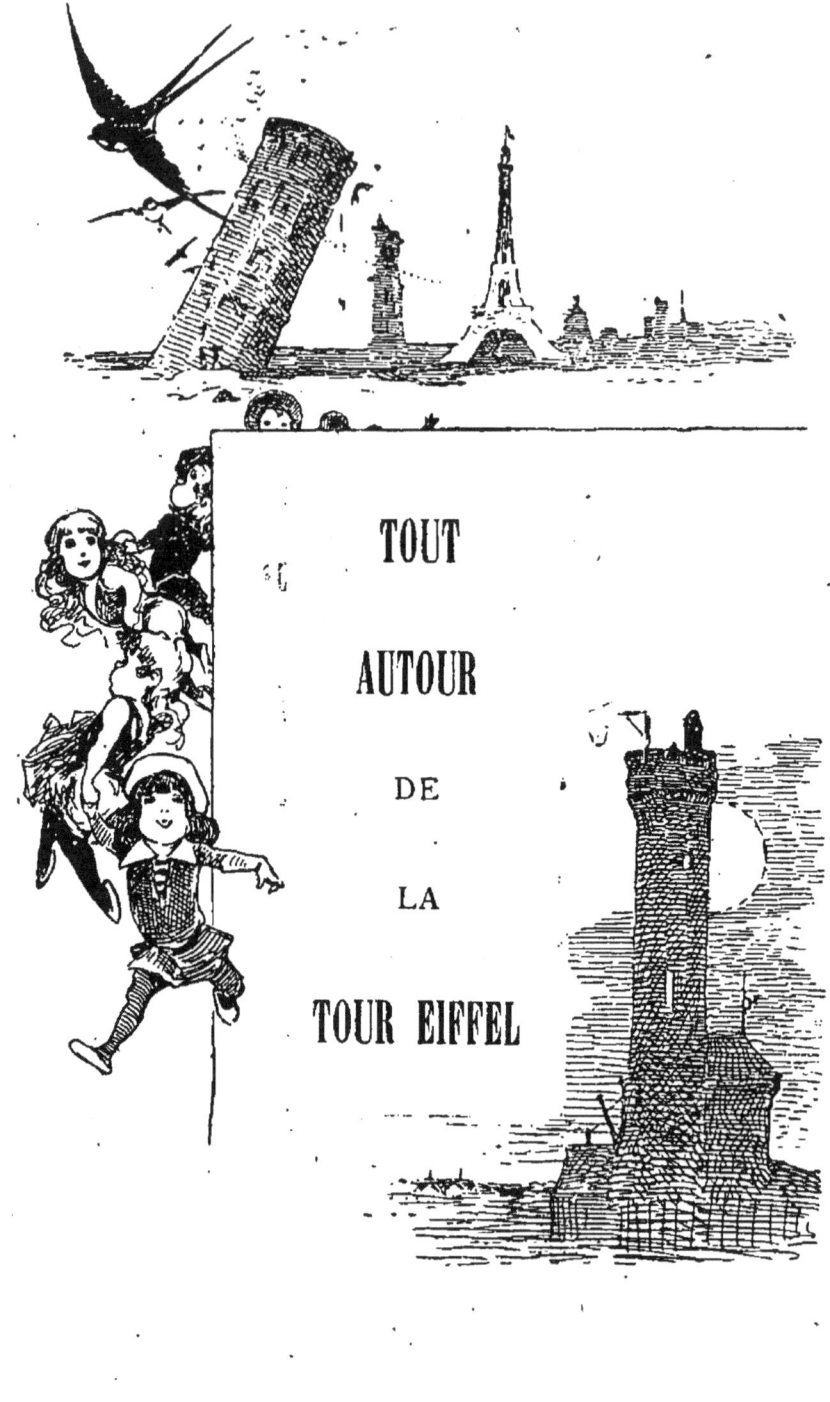

TOUT AUTOUR DE LA TOUR EIFFEL

A M. Edouard LOCKROY,
qui en a posé la première pierre de fondation.

TOUT AUTOUR DE LA TOUR EIFFEL

AIR : *Ah! le bél Oiseau, Maman*

REFRAIN

Votre tour, Monsieur Eiffel,
Devient un' scie, un' rengaine,
Votre tour narguant le ciel
Singe la Tour de Babel!...

Oui, c'est bien l'âge du fer,
Y en a jusqu'à la gargouille;
N' craignez-vous qu' la tour, en l'air,
Comme un vieux clou ne se rouille?...

Votre tour, etc.

L' Parlement parle aussi haut
Que vot' tour de trois cents mètres;
A vous deux l' prix *ex-æquo*,
Car la Chambr' compt' *trois cents maîtres!...*

Votre tour, etc.

La Tour Saint-Jacque, œuvre d'art,
De la Tour Eiffel se glose;
Un' tell' tour qui s' voit d' tout' part
D'vrait servir à quelque chose!...

Votre tour, etc.

Quand on s'ra tout à l'amour
Sur le faît' de c't' édifice,

S'il vente, comment fair' pour
S'y t'nir raid', comm' la justice!...

Votre tour, etc.

Du haut d' cett' tour plein' d'atours,
Les fous descendront... la garde...
Bien des gens f'ront des détours
En chantant : La Tour prends garde !...

Votre tour, etc.

La Tour Eiffel servira
De doux nid à l'hirondelle,
Au pigeon, et l'on pourra
L'appeler : la Tour... terelle!!!...

Votre tour, etc.

La Tour Eiffel, faite au tour,
S' moqu' d'une tour qui s'incline ;
Qu' bientôt on s'oublie autour,
Ell' s'ra d' *Pise*... on s' l'imagine!...}

Votre tour, etc.

Il f'rait beau voir revenir
La Tour de Nesl' sans vergogne;
Sur cell' d'Eiffel quel plaisir
Aurait Margu'rit' de Bourgogne!...

Votre tour, etc.

Quand on en aura plein l' dos
(Et cela n' tard'era guère!)
Pour des rails, tous les morceaux
Feront beaucoup mieux... par terre!

Votre tour, etc.

La réclam' ça n'' nuit jamais,
Et pour cett' tour, je m'explique
Qu'Eiffel veuille avec Bravais
La fair' lécher au... phtisique!...

Votre tour, etc.

Par Eiffel si j' suis honni,
Ma foi, tant pis, j'en rigole!
A qui le tour? J'ai fini,
De la Tour je dégringole!...

REFRAIN

Votre tour, Monsieur Eiffel,
Devient un' scie, un' rengaine ;
Votre tour narguant le ciel
Singe la Tour de Babel !...

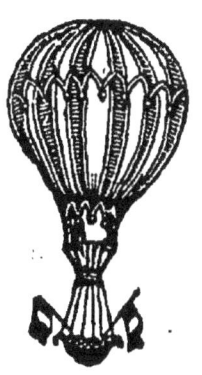

A tous ceux qui tirent le diable par là.

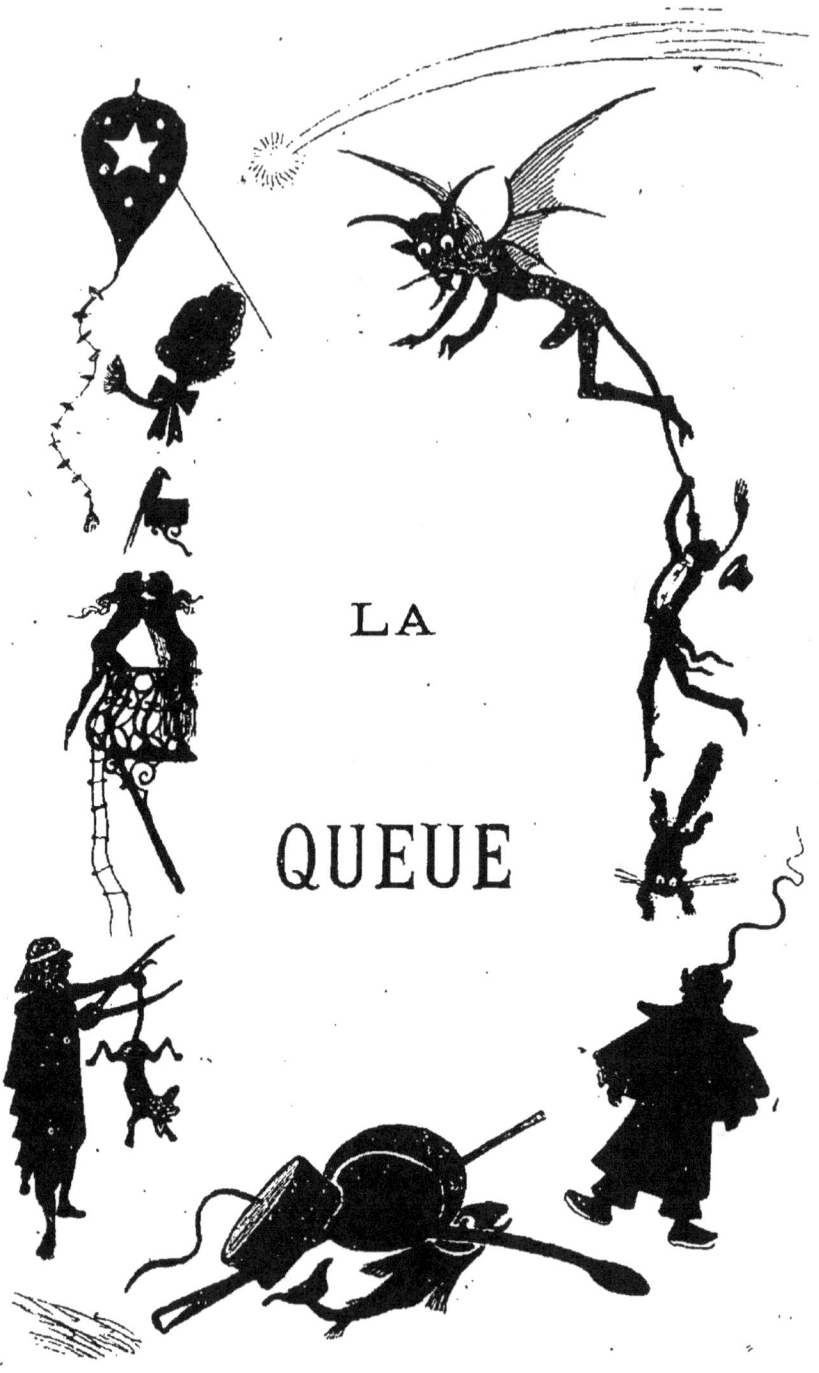

LA

QUEUE

LA QUEUE

Air des *Gueux*

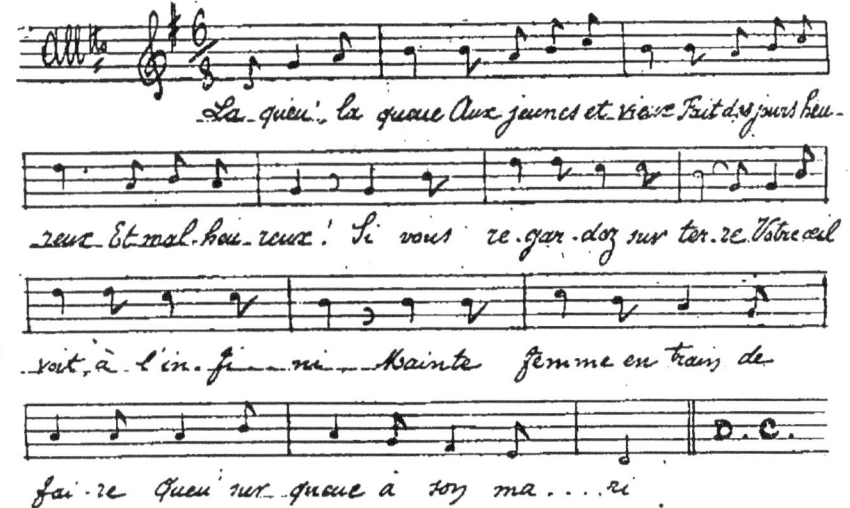

Si vous regardez sur terre,
Votre œil voit à l'infini
Quantité d' femm's entrain d' faire
Queu' sur queue à leurs maris !

La queue aux jeunes et vieux, etc.

Au théâtre on fait la queue,
On marche à la queu' leu leu ;
Un ruban d' queu' d'une lieue
A pied fatigu' bien un peu !

La queue aux jeunes et vieux, etc.

D' nos députés les harangues,
D' nos ministres les projets,
Tout ça c'est beau sur leurs langues,
Mais sans queu' ni tête après !...

La queue aux jeunes et vieux, etc.

D'puis qu'on voit sur chaque ligne
Chaque jour un accident,
Du train, oh,! prudence insigne !
C'est la queu' que ma femm' prend !

La queue aux jeunes et vieux, etc.

Alcibiade a ses adeptes,
La réclame a tant d'effets ;

Ses successeurs plus ineptes
Coup'nt plus d' queu's qu'ils n'ont d' roquets !...

La queue aux jeunes et vieux, etc.

Le Bottin de la province
Pourrait-il dresser bilan
Des Français qui, gros ou mince,
Tirent la queue à Satan ?...

La queue aux jeunes et vieux, etc.

L' budget n' s'équilibre guère
Aux finances, c'est navrant,
Car toujours ce ministère
Laisse un' queue en s'en allant !...

La queue aux jeunes et vieux, etc.

La baleine a de la chance.
D' sa queue ell' fait couler bas
L' bateau qui près d'ell' s'avance ;
Cett' queu' là j' la jalous' pas !..

La queue aux jeunes et vieux, etc.

A trois chiffres la queu' pousse ;
Aux perruqu's souvent j' la vois,
Et maint' femme a la main douce
Pour tirer cell' des Chinois !...

La queue aux jeunes et vieux, etc.

Les Anglais friands d'épices
Dédaigneraient un simple œuf,
Mais ils f'raient des sacrifices
Pour leur soupe à la queu' d' bœuf !...

La queue aux jeunes et vieux, etc.

L'astronom' lève la tête
Pour voir tout le monde astral ;
Il y cherche une comète
Et son appendic' caudal !...

La queue aux jeunes et vieux, etc.

Quand nous étions des mioches,
A nous tous les jeux d'enfants !

Et qui n'eut des anicroches
A la queu' d' son cerf-volant ?..

La queue aux jeunes et vieux, etc.

Un' queue orn' le m'lon, la poire
Aux égards la queue a droit;
Mais le cochon, c'est notoire,
D' sa queue est très maladroit !...

La queue aux jeunes et vieux, etc.

Quand, pour un' cérémonie,
Vous voulez vous fair' bien voir,
Votre queu' d' morue est sortie :
C'est la queu' d' votre habit noir !...

La queue aux jeunes et vieux, etc.

Au Pèr' Lachaise, Héloïse
Semble dir' sur son tombeau :
Fulbert tu fus la traîtrise
En coupant d'un coup d' couteau...

La queue aux jeunes et vieux, etc.

Du Paradis maint' fill' d'Eve
De la pomme se repent,
Car l'enfer y mit la sève
De ta queue, affreux serpent !...

La queue aux jeunes et vieux, etc.

D' l'autre côté, rive gauche,
Le monome est en faveur,
Car la jeunesse y chevauche
Queu' leu leu, de belle humeur !

La queue aux jeunes et vieux, etc.

Les boutons ont une queue,
La tabatière a queu' d' rat,
Et j' crois qu' jusqu'à la banlieue
Plus d'un' queu' de robe ira !

La queue aux jeunes et vieux, etc.

De queu's ah ! quel pêle-mêle !
La cuisine a l' maître-queux,
Nous tenons la queu' d' la poêle,
Nous mangeons des fruits à queux !

La queue aux jeunes et vieux, etc.

Longtemps Palais d' l'Elysée,
La queu' d' billard eut du bon ;
Hélas ! Grévy l'a laissée,
En legs à son cher Wilson !...

La queue aux jeunes et vieux
    Fait des jours heureux
      Et malheureux !....

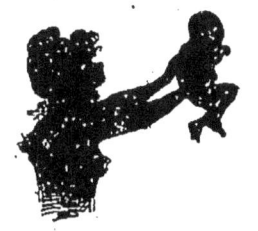

A M. CONSTANS.

LE TRAVAIL DE NUIT

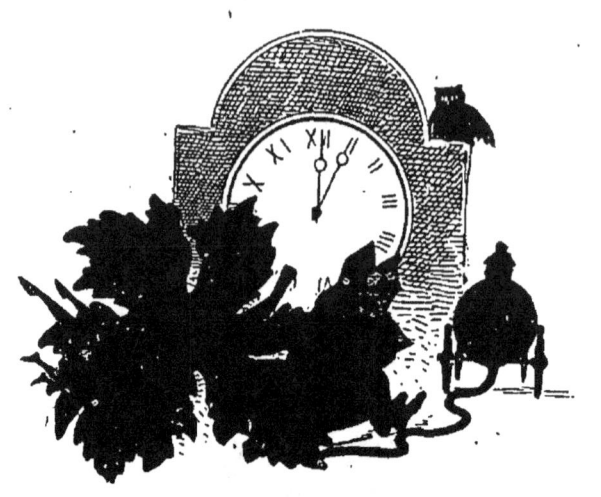

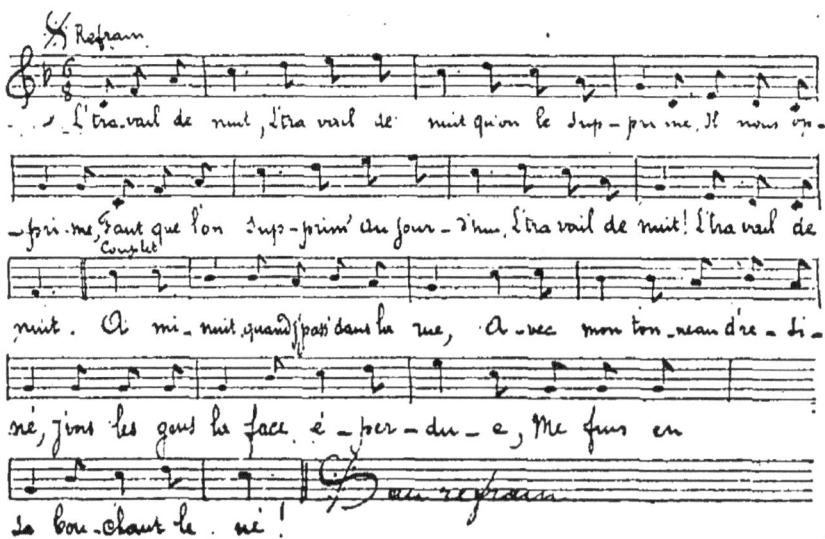

LE TRAVAIL DE NUIT [1]

REFRAIN

L' travail de nuit, *(bis)*
Qu'on le supprime,
Il nous opprime ;
Faut que l'on supprime aujourd'hui
L' travail de nuit !... *(bis)*

UN OUVRIER DE LA VILLETTE

A minuit, quand j' pass' dans la rue,
Avec mon tonneau... d' résiné,
J' vois les gens, la face, éperdue,
Me fuir en se bouchant le né !...

L' travail de nuit, etc.

UN ALLUMEUR DE RÉVERBÈRES

Je v'nais d'éteindre un réverbère
Sous l'quel s' cachait un frais minois ;
J' croyais la jeun' fill' de Nanterre,
Malheur ! elle était d' Levallois !!!

L' travail de nuit, etc.

[1] Les quatre premiers couplets ont été chantés dans la Revue : *Encore une dans le sac !* en collaboration avec M. MILHER.

UN MITRON BOULANGER

Je suis bien forcé d'en entendre
De 'raid's en pétrissant le pain,
Quand l' vieux du d'ssus, pour s' faire tendre
Geint plus que moi jusqu'au matin !...

    L' travail de nuit, etc.

UN GARÇON DE CABINET

Garçon de restaurants nocturnes,
Je souffre dans mes cabinets,
D' voir deux sexes, peu taciturnes,
A s'embrasser constamment prêts !...

    L' travail de nuit, etc.

— Quand autour de moi tout sommeille,
J'écris mes œuvres, dit Zola.
Quand l' vulgair' roupill' moi je veille,
Et comm' *Richer*, j' tais mon état !...

    L' travail de nuit, etc.

UN ALPHONSE

On voudrait voir Alphonse en grève,
On l' fait pêcher par les sergots.
Quelle injustice, Alphons' se crève
A nager d' nuit entre deux eaux !...

    L' travail de nuit, etc.

UN DÉPUTÉ

Il ne faut pas fair' d' politique
Le jour, encore moins la nuit ;
Le Parlement est un' boutique
Où l' soir, vraiment, trop parler... nuit!...

  L' travail de nuit, etc.

MONSIEUR LE BOURREAU DE PARIS

Pranzini dut payer sa dette ;
M'sieur Deibler (1) qui l'a raccourci,
Nous disait : « Vrai, je perds la tête,
A guillotiner sans merci!... »

  L' travail de nuit, etc.

UN VIEUX LOVELACE

Après vingt ans de mariage,
Bien des maris sont paresseux ;
Quel que soit leur métier, je gage
Qu'ils disent au lit, à part eux :

  L' travail de nuit, etc.

UNE HORIZONTALE

De l'Eden aux Folies-Bergère,
Jusqu'à minuit je cherche un daim ;

---

(1) Nom de l'exécuteur des hautes œuvres.

Puis, toute la nuit à Cythère,
Je suis esquintée au matin...

    L' travail de nuit, etc.

LE CHEF DE TRAIN DE NUIT

Pendant qu'en express se wagonne,
Une belle avec son amant,
Pour les contrôler je m' cramponne
Au marche-pied, c'est assommant!...

    L' travail de nuit, etc.

L'OUVRIER TYPOGRAPHE

Quand pour d'autres l' repos commence,
Toute la nuit, les bons typos,
Pour nourrir notre intelligence,
Impriment livres et journaux!...

    L' travail de nuit, etc.

DÉCAVÉS ET NOCEURS

Voyez tous ces gens qui cartonnent
Dans les cercles jusqu'au matin,
Voyez, au bal, ceux qui s'adonnent
A l'art de poser un lapin!...

    L' travail de nuit, etc.

UN ESCARPE

C'est à l'heure où chacun roupille
Que je fracture avec vigueur ;
Pour élever sa p'tit' famille,
Faut jouer d' la pinc'-monseigneur !!!

  L' travail de nuit, etc.

UNE SAGE-FEMME

La sage-femme et l'esculape
Ne dorment pas paisiblement,
Tous deux, pour complaire à Priape,
Chaqu' nuit mett'nt au monde un enfant !...

  L' travail de nuit, etc.

UN AUTEUR, UN PRÊTRE

Les auteurs, les hommes de lettres,
La nuit se creusent le cerveau ;
La nuit aussi sortent les prêtres
Pour administrer un dévot !...

  L' travail de nuit, etc.

A M. le Ministre des Postes et Télégraphes.

LES PETITS TÉLÉGRAPHISTES

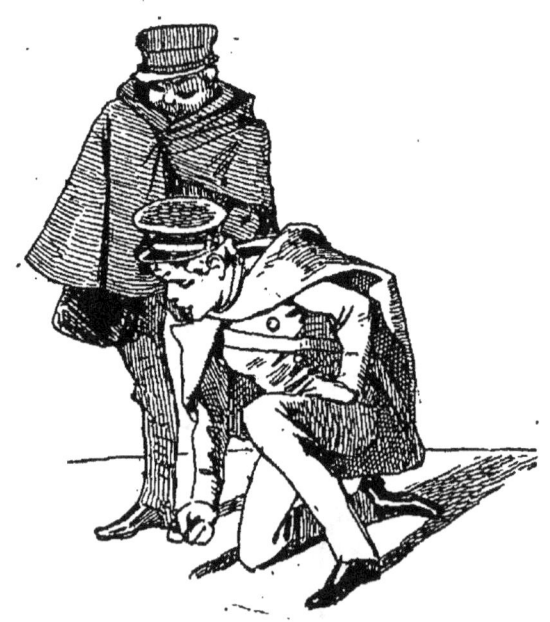

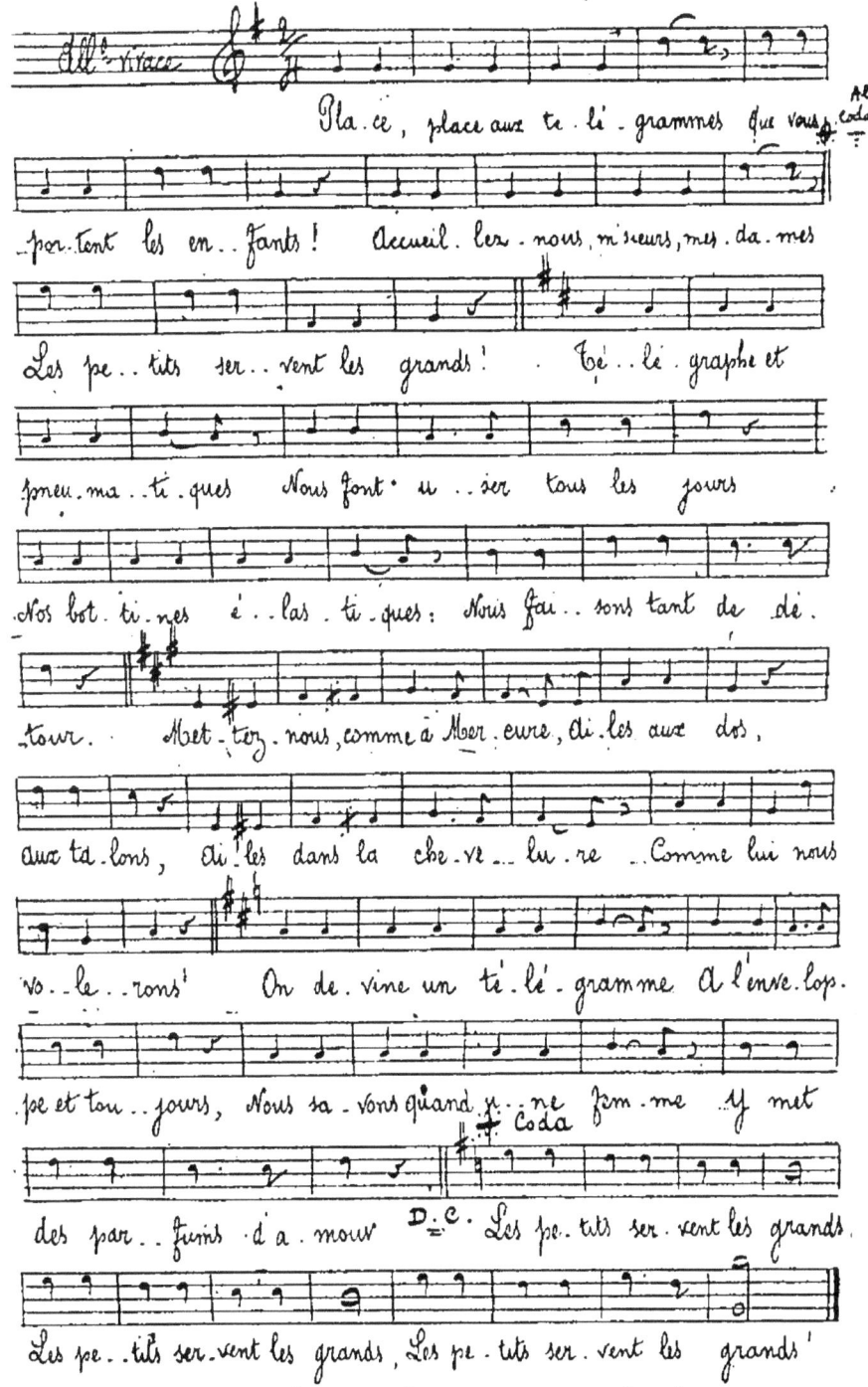

LES PETITS TÉLÉGRAPHISTES

Rondeau chanté par Mademoiselle Milly-Meyer

Musique de M. Thony (1)

REFRAIN

Place, place, aux télégrammes
Que vous portent les enfants !
Accueillez-nous, m'sieurs, mesdames,
Les petits servent les grands !...

Télégraphe et pneumatiques
Nous font user, tous les jours,
Nos bottines élastiques,
Nous faisons tant de détours !...

(1) Publiée avec l'autorisation de l'éditeur Emile Benoit, 13, faubourg Saint-Martin, Paris.

Mettez-nous, comme à Mercure,
Ailes au dos, aux talons,
Ailes dans la chevelure,
Comme lui nous volerons !...

Dans ces plis clos à la gomme,
Nous ne pouvons rien voir, mais
Nous devinons bien, en somme,
Rien qu'au flair, tous les secrets !...

On devine un télégramme
A l'enveloppe, et, toujours,
Nous savons quand une femme
Y met des parfums d'amour !...

Un malin qui sut comprendre
L'écriture, un jour a dit :
« Montrez vingt mots, je fais pendre
« L'auteur qui vous les écrit ! »

Petits carrés bleus ou jaunes,
Télégrammes clos ou non,
Signés d'un ange ou de faunes,
Satan fait votre renom !...

Avec quelle impatience
Chacun nous guette venir !
Nous sommes la Providence
Ou la guigne, on peut choisir !...

Le portier, au télégramme,
Lance ses regards damnés;
Il ne peut, lui ni sa femme,
Y mettre le bout du nez !...

Nous accusant de paresse,
On dit qu'à saute-moutons
Nous jouons, alors que presse
L'épître que nous portons.

Eh ! bien, après ? quel dommage !
Ce jeu que l'on nous défend,
N'est-il donc pas de notre âge ?
On n'est pas toujours enfant !...

Nous allons bien assez vite
Pour porter, le plus souvent,
La calomnie et sa suite,
Dans ce papier si pressant !...

Si l'on s'était mis en grève,
N'ayant pas pu trouver mieux,
On nous eût rendu sans trêve
A nos petits papiers bleus!...

Place, place, aux télégrammes,
Que vous portent les enfants,
Accueillez-nous, m'sieurs, mesdames,
Les petits servent les grands!...

YA CENT ANS!!!

A M. Clémenceau.

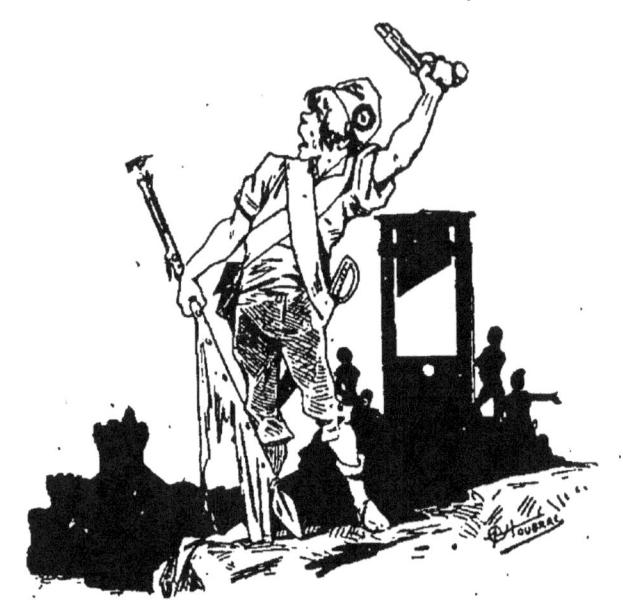

YA CENT ANS !!!

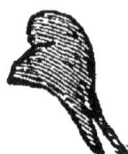

« REGRETS... PANACHÉS ! »

Air : *Mad'moiselle, écoutez-moi donc!*

Ya cent ans, que de gens contents!
Mais on les flanquait tous à la Bastille ;
Ya cent ans, malgré les autans,
Sans-culotte on fut, et par tous les temps !...

Ya cent ans, régnait la Terreur,
On guillotinait père, fils et fille ;
Ya cent ans, manquaient les vapeurs,
Le tramway, c'était la chaise à porteurs !...

Ya cent ans, Charlotte Corday
Surinait Marat dans une baignoire ;
Ya cent ans, quand on décédait,
Guillotin, surtout, vous y décidait !!!...

Ya cent ans que l'on décrétait
La loi des suspects sur le territoire ;
Ya cent ans, la presse g... braillait,
Le *Père Duchêne* est ce qu'on lisait !...

Ya cent ans, ces bons Jacobins
Étaient tour à tour mis sur la charrette ;
Ya cent ans, les fiers Girondins
Chantaient, en mourant, d'épiques refrains !...

Ya cent ans, au Palais-Royal
On allait beaucoup perdre à la roulette ;
Ya cent ans, en ce lieu moral,
L'amour se vendait comm' la viand' de ch'val !...

Ya cent ans, pour un bel écu,
Plus d'un œil fripon déjà vous reluque ;
Ya cent ans, malgré la vertu,
La femme faisait son mari... cocu !...

Ya cent ans, chaque perruquier
Méritait son nom — l'on portait perruque ;
Ya cent ans, le calendrier
Écrivait *Pluviôse* et non Février !...

Ya cent ans, tonnait Mirabeau,
Aujourd'hui n'y a plus que des... mirabelles !
Ya cent ans, était-ce plus beau ?
On portait beaucoup l'habit bleu-barbeau !...

Ya cent ans, Déesse Raison
Avait des fêtes des plus solennelles;
Ya cent ans, hélas! savait-on
Que cette Raison quittait Charenton?...

Ya cent ans, nobles et bandits,
Devaient tous manger dans la même assiette;
Ya cent ans, mêm' les circoncis,
Par Fouquier-Tinville étaient raccourcis!...

Ya cent ans, que d'assassinats!
Non pour voler l'or, — il faisait disette!
Ya cent ans, c'est en assignats
Que l'on payait même les Auvergnats!...

Ya cent ans, nos bien doux aïeux
Coupaient à chaque heure une illustre tête!
Ya cent ans, on était heureux,
Mais monsieur Carnot, je crois, vaut bien mieux!..

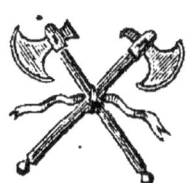

A Mme Duparc, de la Scala.

LES AMAZONES DU BOULEVARD

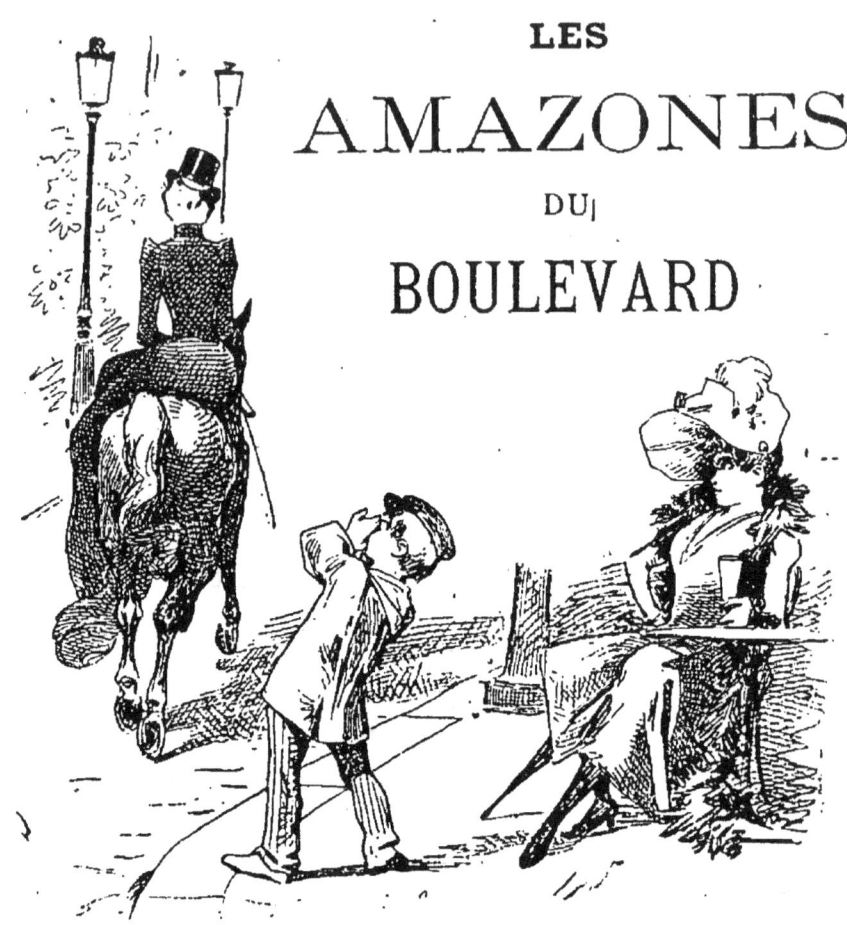

LES AMAZONES DU BOULEVARD

—

(Chanson trouvée à la terrasse du café de Madrid)

AIR A FAIRE

Voyez-vous sur le boulevard
Un' petit' dame qui s'attable,
Pour faire la chasse au jobard
Devant un café confortable ?
Elle est sévère rarement,
Mais la moutarde au nez lui monte
Quand elle entend un garnement
Qui lui dit : maman, t'as pas honte ?

Voyez-donc c't' ama, ma,
C't' amazone, oh ! là, là !
   C'est Paméla,
   Quel chic elle a,
Tra déri, tra déra,
Voyez donc c't' ama, ma.
C't' amazone, oh! là, là !...

Menant la vie à fond de train,
L'amazon' bientôt se culotte.
N'importe ! elle suit son chemin,
Narguant l'hôpital et la hotte.
Il faut la voir le jour au bois
Pour *persiller*, sauter en selle ;
Partis deux, ils reviennent trois :
L'amour monte en croupe avec elle !

   N' blaguez pas l'ama, ma,
   L'amazone, oh! là, là !
      L' quartier Bréda
      Fourmill' de ça,
   Tra déri, tra déra,
   Vive l'ama, ma,
   L'amazone, oh! là, là !...

Ell' monte sur tous les ch'vaux d' bois
Qui tournent bruyamment aux fêtes ;
Cette haute écol' quelquefois
Lui vaut d' bien utiles conquêtes,

Se croyant au cirque Molier,
Chez elle, en son boudoir, à l'aise,
Elle fait aussi l' cavalier
A califourchon sur un' chaise

    Place à l'ama, ma,
    L'amazon' Paméla
      Quel chic elle a,
      Sur son dada.
    Tra déri, tra déra,
    Vive l'ama, ma,
    L'amazone à dada !...

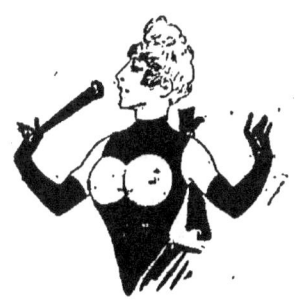

A Eugène Imbert, vice-président de la Lice.

LES BITUMIERS
CHANSONNETTE

(1) Musique de M. Ch. Jouffroy. — Créée à l'Eden-Concert Par M. Limat.

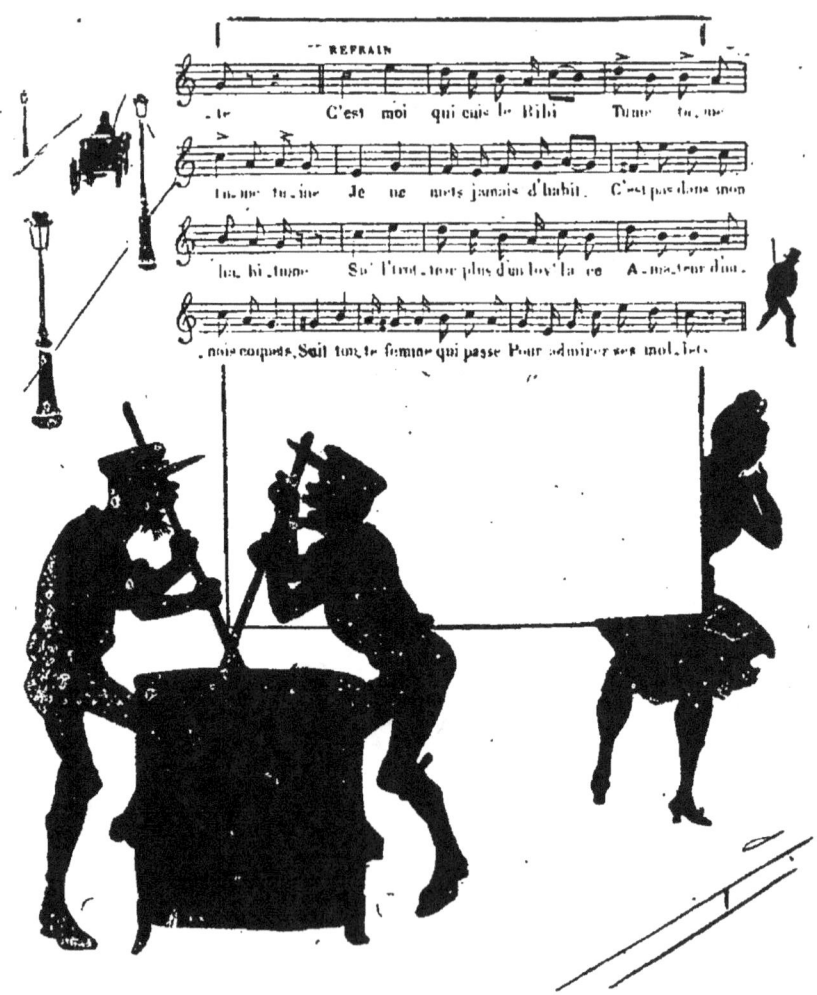

(1) Publiée avec l'autorisation de l'éditeur Emile Benoit, 13, faubourg Saint-Martin, Paris.

LES BITUMIERS

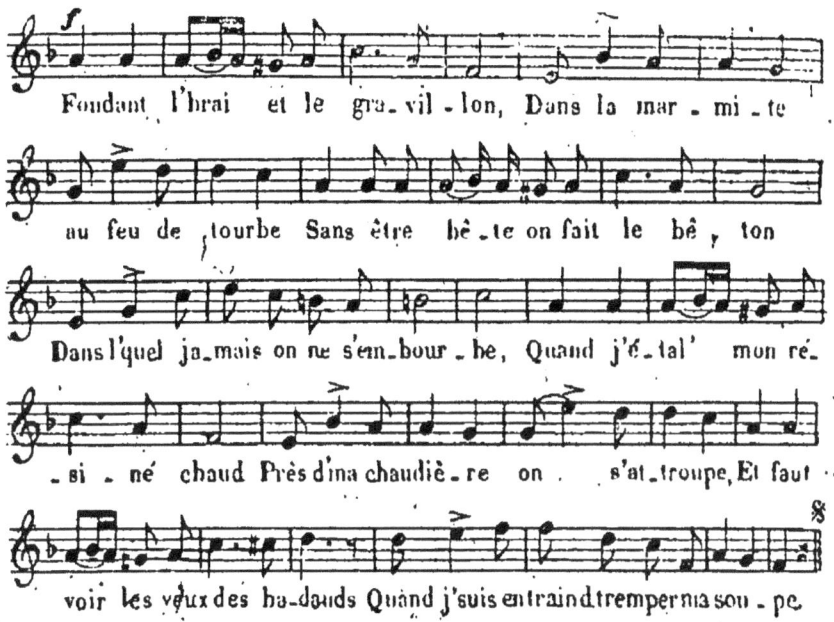

On a chansonné l'égoutier,
Le paveur avec sa d'moiselle ;
On a chansonné l' charcutier,
L' boulanger, l' garçon d' vaisselle ;
Jusqu'au Préfet, dont les lanciers
Excitèr'nt la muse chantante.
Mais, pour les braves bitumiers
Pas d' poésie éblouissante ! ! !...

REFRAIN

C'est moi qui cuis le bibi, etc.
Tume, tume, tume, tume,
Je ne mets jamais d'habit,
C'est pas dans mon habit... ume!...
Sans moi, chaque horizontale
Serait dans le désespoir,
Car, pour qu'elle se trimbale,
J' lui fabrique un beau trottoir!...

Bon ouvrier, toujours à l'air,
La voi' publique est mon domaine;
Le cri d' la rue est mon concert,
La balladeuse est ma sirène!
Quand la paye amèn' le pognon,
On lâch' la *griffe* et la *palette*,
Et, comme un autre, en beau veston,
Je vous bitume une conquête!...

C'est moi qui cuis le bibi, etc.

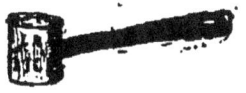

J'ai des rivaux! Qui n'en a pas?
Tous les homm's se font concurrence.
Les asphaltiers font d' l'embarras;
Mais ils n'ont pas la préférence!
L'asphalte est la terreur des ch'vaux;
Sur l' trottoir pas mèch' qui s' couronnent;
A preuv', les cha...rmants animaux
Qui, comme en Afrique, y foisonnent...

C'est moi qui cuis le bibi, etc.

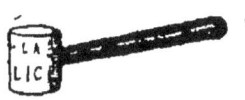

Pour êtr' bitumier, on n'en est
Pas moins homme, et l'amour vous touche.
Ma femm' dit, quand un p'tit nous naît :
« De bitume, ah! Jul', quelle couche!... »

J' connais pas l' tapis des Gob'lins,
Moi, c'est le bitum' que je gobe!
Sous les pieds des p'tit's margotins,
J'en fais l' tapis... où traîn' leur robe!...

C'est moi qui cuis le bibi, etc.

Le bitume, y a rien d' sain comm' ça :
C'est un parfum qui sent la forge.
Et la Faculté s' décid'ra
A l'ordonner pour les maux d' gorge!
R'niflez c't' odeur à pleins poumons,
C'est du carbone et d' l'hydrogène,
Et ça donne aux s'mell's des piétons
De la fraîcheur et de l'hygiène !...

REFRAIN

C'est moi qui cuis le bibi,
Tume, tume, tume, tume.
Je ne mets jamais d'habit,
C'est pas dans mon habit...ume!...

Sans moi, chaque horizontale
Serait dans le désespoir,
Car, pour qu'elle se trimbale,
J' lui fabrique un beau trottoir !...

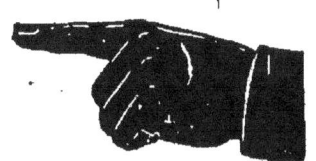

LE
CIMETIÈRE DE LA PLACE FAVART[1]

A M. Carvalho

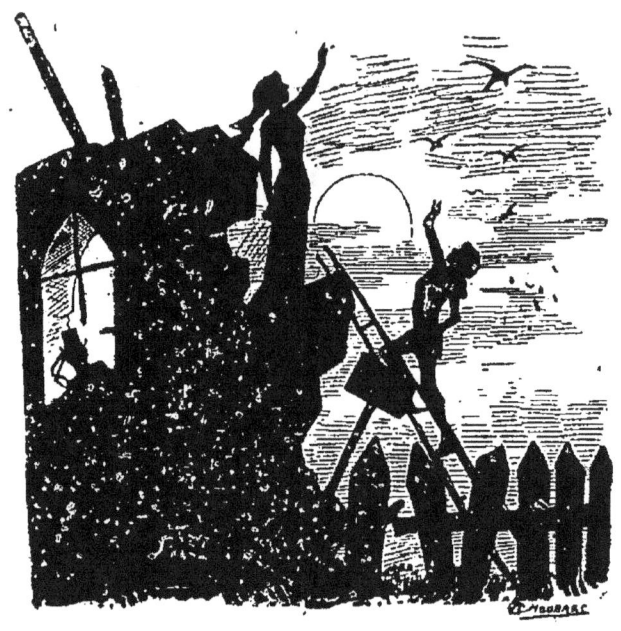

(1) Les nombreux commerçants et industriels qui avoisinent le terrain archi-désert et archi-funèbre de feu l'Opéra-Comique, ont souscrit unanimement pour l'impression et la distribution de cette Chanson à 200,000 exemplaires.

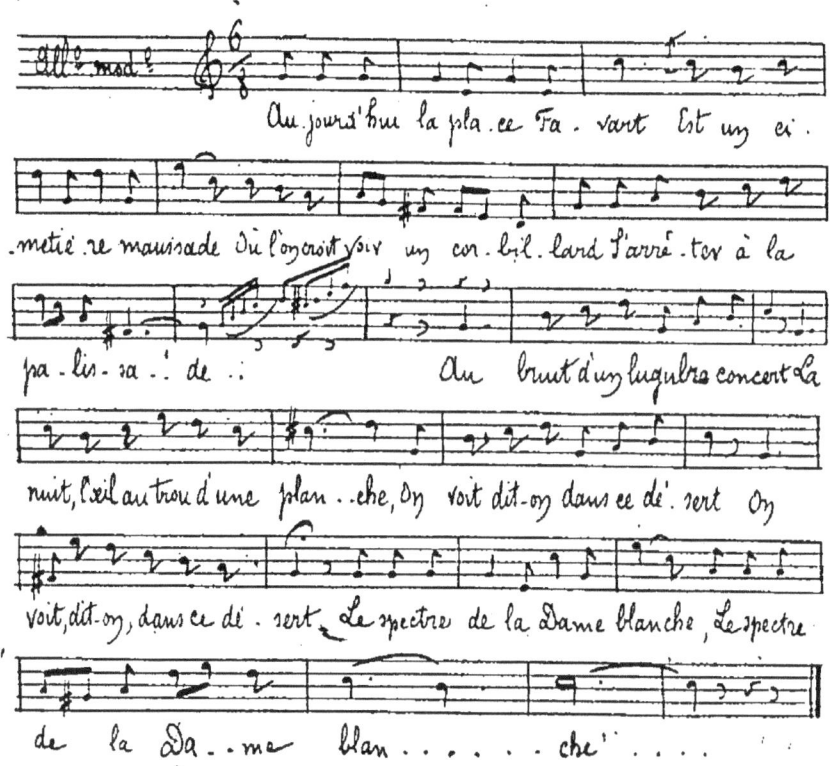

LE CIMETIÈRE DE LA PLACE FAVART

Air du *Charlatanisme* (CLÉ DU CAVEAU)

Aujourd'hui la place Favart
Est un cimetière maussade,
Où l'on croit voir un corbillard
S'arrêter à la palissade.
Au bruit d'un lugubre concert,
La nuit, l'œil au trou d'une planche,
On voit, dit-on, dans ce désert   (*bis*)
Le spectre de la Dame blanche.   (*bis*)

Renaîtras-tu dans cet enclos,
Phénix de l'Opéra-Comique,
Alors que tous les Carvalhos
Au Châtelet rouvrent boutique !
Ramène-nous tes grands chanteurs,
Tes chœurs, ta musique si franche,
Pour que se tarissent les pleurs   (*bis*)
Du spectre de la Dame blanche.   (*bis*)

Lockroy, ministre des Beaux-Arts,
Homme érudit et dilettante,
Pour faire pièce aux alcazars
Refaisait ta salle éclatante.
Restaurateur, cabaretier,
Qui chôment semaine et dimanche,
Ne verraient plus dans leur quartier   (bis)
Le spectre de la Dame blanche.   (bis)

Que devant Auber, Halévy,
Hérold, Adam, l'État s'incline,
Que Favart, à notre œil ravi,
Encore une fois s'illumine !
Art français, ton vieil Opéra
Du présent prendra sa revanche ;
Dans... cent ans ressuscitera   (bis)
Le spectre de la Dame blanche !...   (bis)

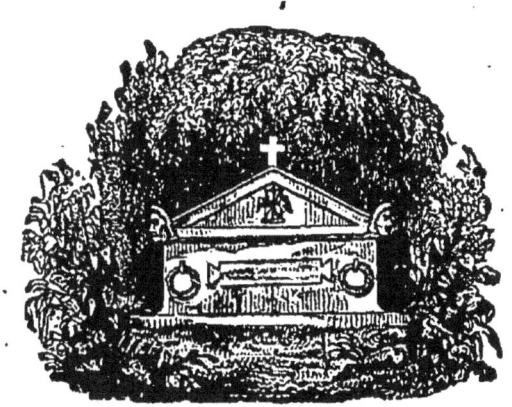

A Madame Desclauzas, du Gymnase.

LE P'TIT MOT POUR RIRE

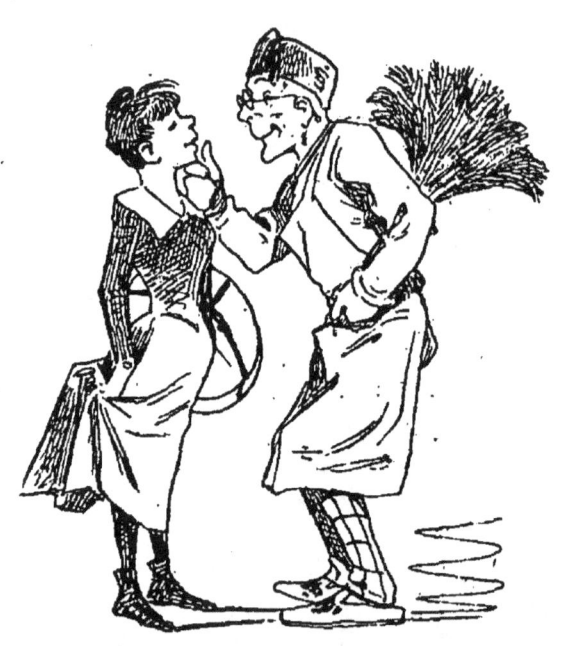

LE P'TIT MOT POUR RIRE

Chantée par Mlle Derly à la Scala. — Musique de J. Strauss (1)

Allegro moderato.

1er COUPLET.

Mon por-tier est d'un' bon-ho-mi-e Dont rien n'ap-proche as-su-ré-ment: Aus-si chaqu' bonne est son a-mi-e, Et s'laiss' prendre à son bo-ni-ment, L'autre soir c'est pas pour mé-di-re Mais a-vec cel-le du se-cond, Qui l'appe- *Plus lent.* -lait *vieux-po-li-sson* Il a-vait, il a- *Ier tempo.* -vait, il a-vait le p'tit mot pour ri-re.

(1) Publiée avec l'autorisation des éditeurs, MM. CHOUDENS FRÈRES, boulevard des Capucines, 36, Paris.

J'ai pour voisin, au quatrième,
Un pochard des plus réussis;
Il prétend que parce qu'il l'aime,
Il bat sa femm' comm' ses habits !
Des gars comm' ça, faut les occire ;
Si mon homm' me frottait la peau,
Avec mon poing sur son museau,
Moi, j'aurais le p'tit mot pour rire !...

Une fille bâille et soupire
Près des jupes de sa maman
Qui, se trompant sur son martyre,
Lui fait lire un conte d'enfant.
Ce voyant, je finis par dire :
— Conduisez-la chez son cousin ;
Pour l'amuser, ce boute-en-train
Trouvera... le p'tit mot pour rire !...

La nuit de ses noces, Lisette
Acquit la preuv' que son Edmond,
Qu'elle croyait naïf et bête,
Est, au contraire, un franç luron !

— Vois-tu, ma chèr', pour nous séduire,
Me disait Lisette, tout bas,
L'homme a, comme nous, des appas...
Que c'est bon, le p'tit mot pour rire!!!...

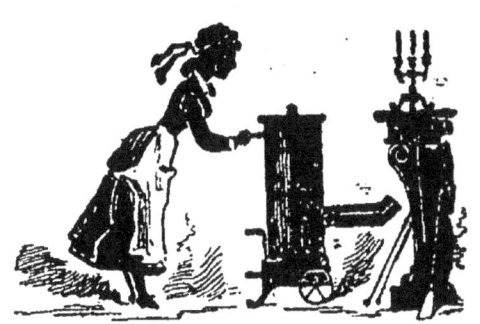

A Parrain et à « Marennes. »

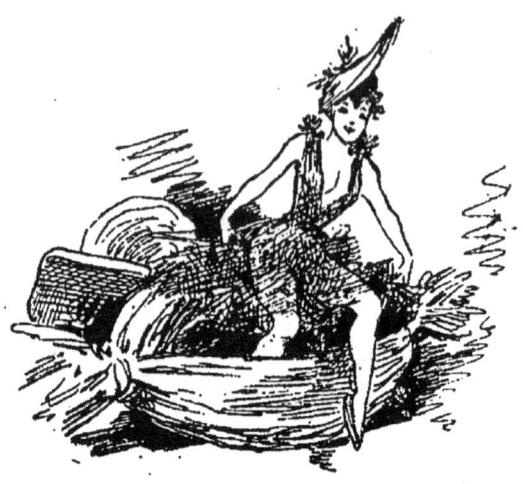

LE RETOUR DES HUITRES

Air du *Pendu* (de MAC-NAB).

Jubilez, goinfres, gastronomes,
Le mois des huîtres reparaît.
Ce mollusque, si cher aux hommes,
Abonde au seuil du cabaret.
Par douzaines, pauvres et riches,
Vous les goberez tout l'hiver.
Chantons le retour des bourriches } bis.
Que ramènent les mois en R !

8.

Ce n'est qu'huîtres dans les vitrines
Des mastroquets, des restaurants,
Où l'on voit coquilles salines
S'étager sur plus de vingt rangs.
Arcachon, Ostende, Cancale
S'entr'ouvrent pour ouïr le concert
De leurs sœurs de la capitale
Pendant le temps des mois en R !

Au carrefour Montmartre, l'huître
S'attache au banc... municipal.
Et quand l'écrasé récalcitre,
Il y reçoit un *pied... d' cheval.*
La *Portugaise*, par centaines,
Prélude au modeste couvert,
Et, sans parrains, douze *Marennes*,
Sont un régal aux mois en R !

Au Palais, dit de la Justice,
L'homme aux huîtres, c'est le plaideur,
Et les perles de mainte actrice
Doivent aux huîtres leur valeur.
Bref, disons sans... *huître qui danse* :
Si Paris devient Port-de-Mer,
On verra trop d'huîtres en France,
Même pendant les mois sans R !...

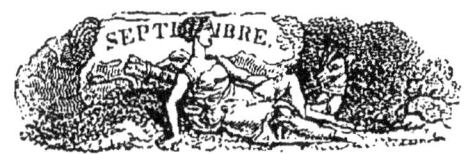

AL SENOR DON MOLIEROS.

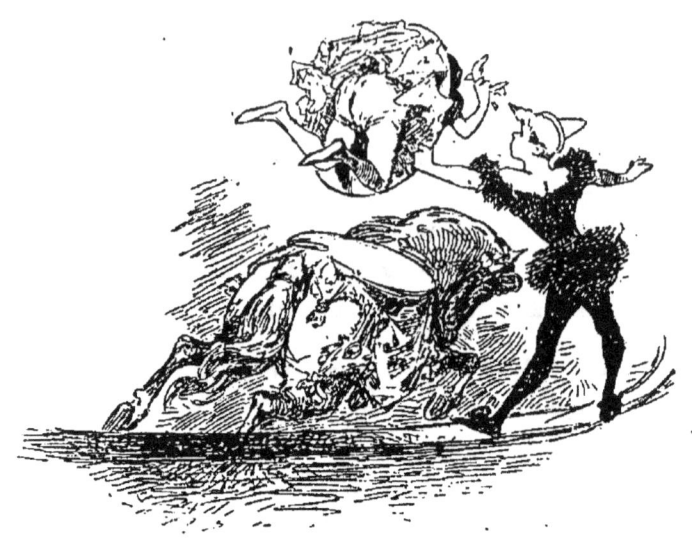

AU CIRQUE MOLIER [1]

Couplets improvisés au galop

—

AIR : *Gai, gai, mon officier*

Gai, gai, mon écuyer,
Les artistes
De nos pistes !
Gai, gai, cirque Molier,
Courent à franc étrier !

[1] Ces couplets ont été distribués à la fête donnée par M. Molier, les 9, 11 et 16 juin 1891.

Tous les étés, dans Paris,
Une fête
Très complète,
C'est celle qu'à ses amis
Molier offre en *cirque... assis!*

Gai, gai, mon écuyer, etc.

Dans ce cirque, un vrai bijou,
Peu de chutes,
De culbutes,
Si l'on s'y cassait le cou
Molier l' remettrait... du coup!

Gai, gai, mon écuyer, etc.

Nouveau Cirque et Cirqu'-d'Hiver
Tienn't la corde,
Je l'accorde.
L' Cirqu'-d'Été n'est pas désert
Celui d' Molier est au vert!...

Gai, gai, mon écuyer, etc.

Les clowns Price et Medrano,
  Peu fragiles,
  Sont agiles,
Mais, pour le chic et l' brio,
Ceux d' Molier sont *ex æquo*.

 Gai, gai, mon écuyer, etc.

L'écuyer de chez Molier,
  Gentilhomme,
  Fait sa gomme,
Et comme il est très rentier
Pas besoin de le payer !

 Gai, gai, mon écuyer, etc.

C'est ainsi que Molier a
  Un *Auguste*
  Qu'il déguste.
C'est un princ' qui jou' c' rôl' là.
Quel autr' cirqu' s'offrirait ça ?

 Gai, gai, mon écuyer, etc.

Mais pour le cheval dressé,
    Le grand maître,
    Le grand prêtre,
Après Loyal trépassé,
C'est Molier l' plus exercé.

   Gai, gai, mon écuyer, etc.

Chez Molier, des sénateurs
    Aux barr's fixes,
    Vont sans rixes,
Et, du trapèz' les vainqueurs
Sont souvent ambassadeurs !

   Gai, gai, mon écuyer, etc.

Molier nous promet, très fier
    Acrobate.
    Pas savate ;
C'est un ministre d'hier
Qui *vol'*... sur le fil de fer ! ! !

   Gai, gai, mon écuyer, etc.

Molier veut qu' l'esprit à seaux
  Chez lui verse,
  Se déverse.
Aussi ne sont'-c' pas des sots
Qui crèvent tous ses cerceaux!

 Gai, gai, mon écuyer, etc.

Si vous trouvez quelque part
  Ecuyère
  Moins sévère,
Amazone au plus doux r'gard
Faut l' dire à *Ritt et Gailhard!*

 Gai, gai, mon écuyer, etc.

Avec son sceptre un roi croit
  A la gloire,
  C'est notoire,
Molier trône aussi, ma foi,
Dans l'arène... il est le roi!

 Gai, gai, mon écuyer, etc.

Dans ce cirque, en fêt' de nuit,
  On circule,
  Déambule.

Et comm' ça chauffe, chez lui,
Molier dit : comm' mon *cirqu' cuit !*

   Gai, gai, mon écuyer, etc.

Molier, vous en conviendrez,
      Est en somme
      Un grand homme.
A son cirqu' vous reviendrez
Et vous y *circ...* ulerez !

   Gai, gai, mon écuyer,
      Les artistes,
      De nos pistes.
   Gai, gai, cirque Molier
   Courent à franc étrier !...

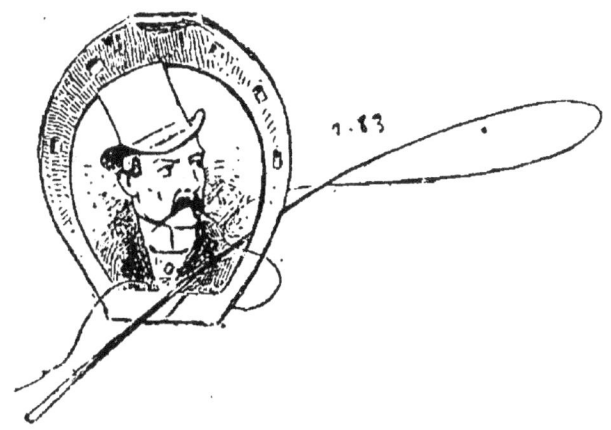

A Seringuinos.

LES
CANARIS

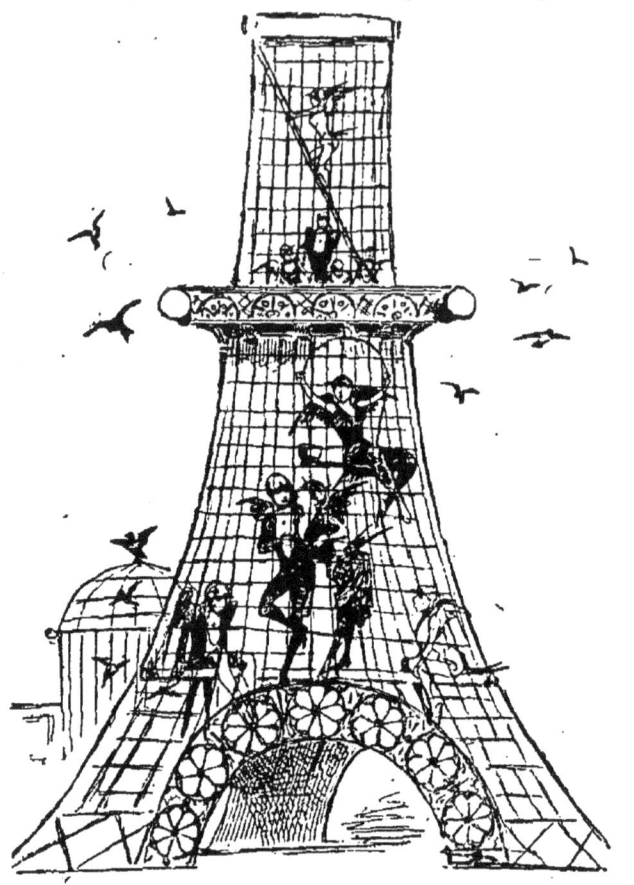

DE
PARIS

LES CANARIS DE PARIS

Musique de GEORGES ROSE

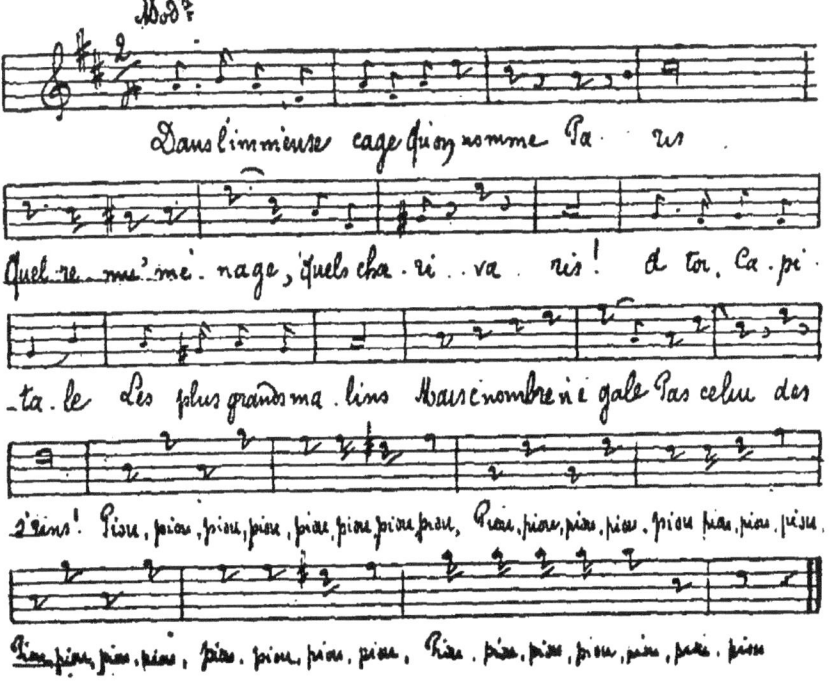

J'en sais mille espèces;
Mais les plus chéris,
Comblés de caresses,
Sont les canaris.
On voit des serines,
Fidèles houris;
Mais les plus malines
Trompent leurs maris!

Piou, piou, piou, piou, piou, piou, piou,
Piou, piou, piou, piou, piou, piou, piou!...

La gent volatile
Va par bataillons;
Elle a domicile
En toutes maisons.
Un pigeon, une oie,
Un gentil canard
Font moins notre joie
Qu'un serin bavard!

Piou, piou, piou, piou, piou, piou, piou!
Piou, piou, piou, piou, piou, piou, piou!...

Lorsque la canaille
Demande du pain,
Bourré comme un' caille
Digère un serin!

Pendant que nos femmes
Font grève... d'enfants,
Serins et leurs dames
En pondent des cents !

Piou, piou, piou, piou, piou, piou, piou !
Piou, piou, piou, piou, piou, piou, piou !...

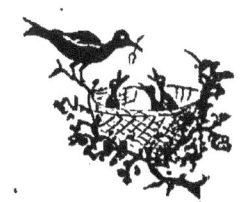

Au Grand Chancelier de la Légion d'Honneur.

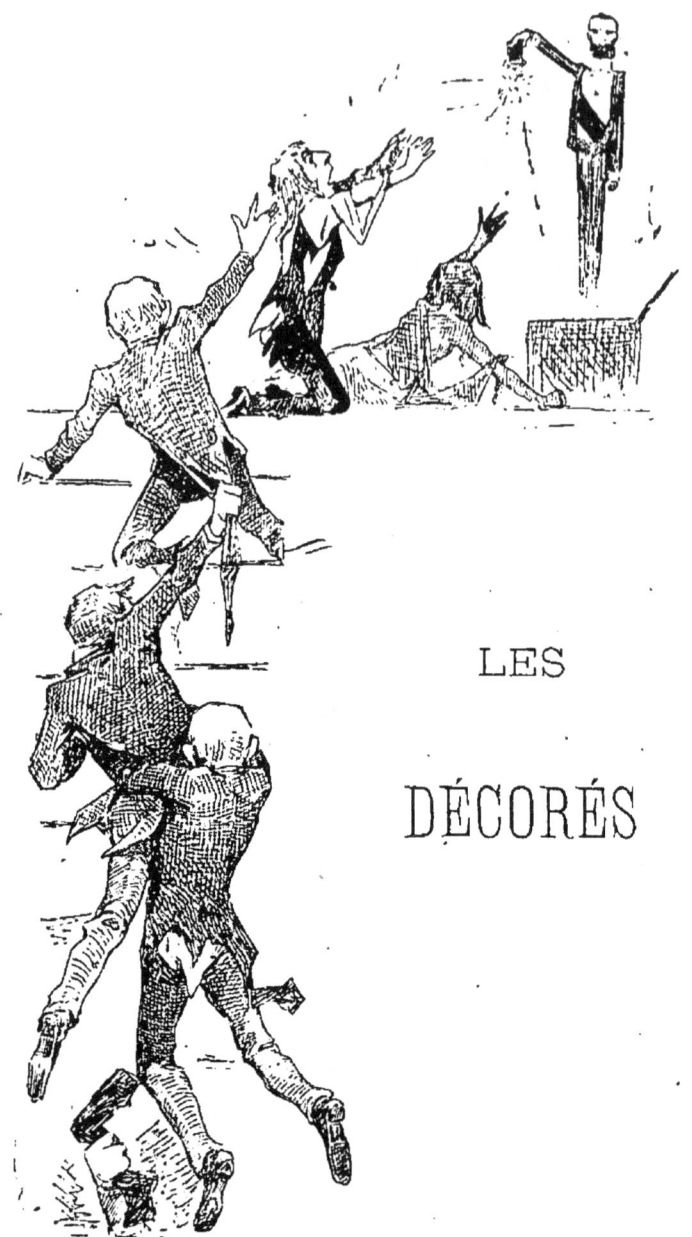

LES

DÉCORÉS

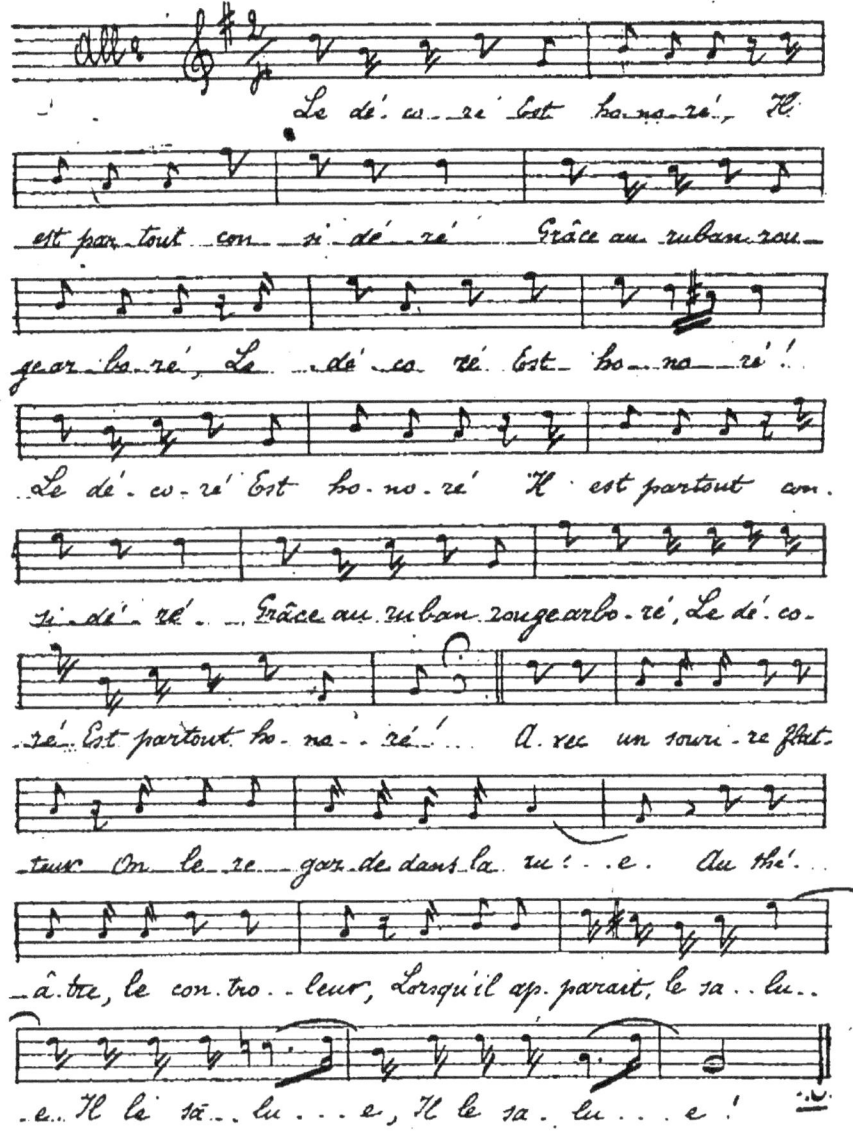

LES DÉCORÉS

—

(1) AIR : *Les Portugais sont toujours gais*
de l'opérette *Le Jour et la Nuit*. CHARLES LECOQ

    Le décoré
    Est honoré.
Il est partout considéré,
Grâce au ruban rouge arboré,
    Le décoré
    Est honoré,
    Considéré !...

(1) Publié avec l'autorisation des éditeurs P.-L. MAQUET et Cⁱᵉ, successeurs de BRANDUS, 103, rue Richelieu, Paris.

Avec un sourire flatteur,
On le regarde dans la rue.
Au théâtre, le contrôleur,
Lorsqu'il apparaît, le salue,
    Il le salue. (*bis*)

    Le décoré, etc.

Il pénètre chez les préfets
Sans qu'à l'antichambre on le vexe,
Sa croix ouvre maints cabinets...
Et les boudoirs chez le beau sexe,
    Chez le beau sexe. (*bis*)

    Le décoré, etc.

A l'estaminet, en mettant
Son pardessus à la patère,
Il fait bien voir le frais ruban
Qui flamboie à sa boutonnière,
    Sa boutonnière ! (*bis*)

    Le décoré, etc.

Le fier décoré d'aujourd'hui
S'exhibe à chaque sentinelle
Avec son ruban ; et la nuit,
Il le porte sur sa flanelle !...
  Sur sa flanelle ! (*bis*)

  Le décoré, etc.

Un vraiment nul, un vrai poussah,
Dont l'emb'onpoint se fait r'connaître,
Sans êtr' décoré, s' décora
Dix-neuf mois, chevalier... sans l'être !...
  Ch'valier sans l'être ! (*bis*)

  Le décoré, etc.

Ce serait long de définir
Tous les profits du ruban rouge,
Son prestige sait éblouir
Depuis le palais jusqu'au bouge !...
  Même le bouge ! (*bis*)

  Le décoré, etc.

J'en sais un autr' qui veut s' payer
La croix; c'est un cancre, un jésuite !
Il l'aura, mais... du marbrier,
Car c'est la seule qu'il mérite !...
     Triste mérite ! (bis)

     Le décoré, etc.

Pour cette croix, on voit des fous
Proposer des marchés indignes ;
Mais, pour l'honneur, elle est chez nous
Encor le plus beau des insignes !...
     Nobles insignes! (bis)

     Le décoré
     Est honoré.
Il est partout considéré,
Grâce au ruban rouge arboré,
     Le décoré
     Est honoré,
     Considéré !...

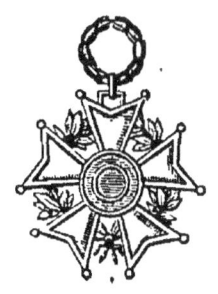

Aux Législateurs du Palais-Bourbon.

QU'IL EST DOUX

D'ÊTRE

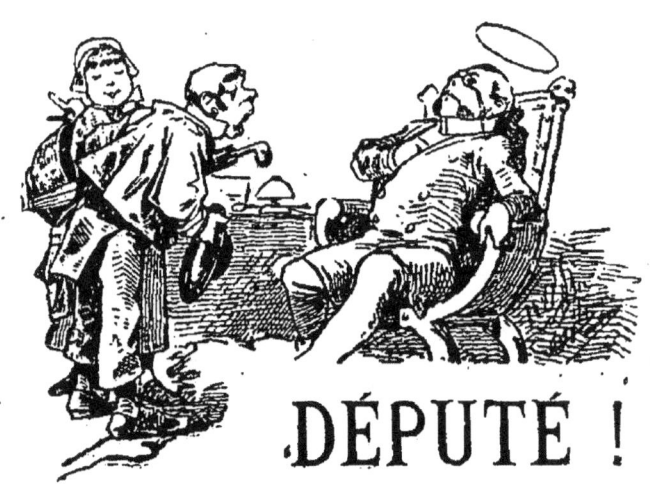

DÉPUTÉ !

QU'IL EST DOUX D'ÊTRE DÉPUTÉ !

(1) AIR de la *Mascotte* (Audran). *Tu sais qu'avec ces beaux habits* (2ᵉ acte)

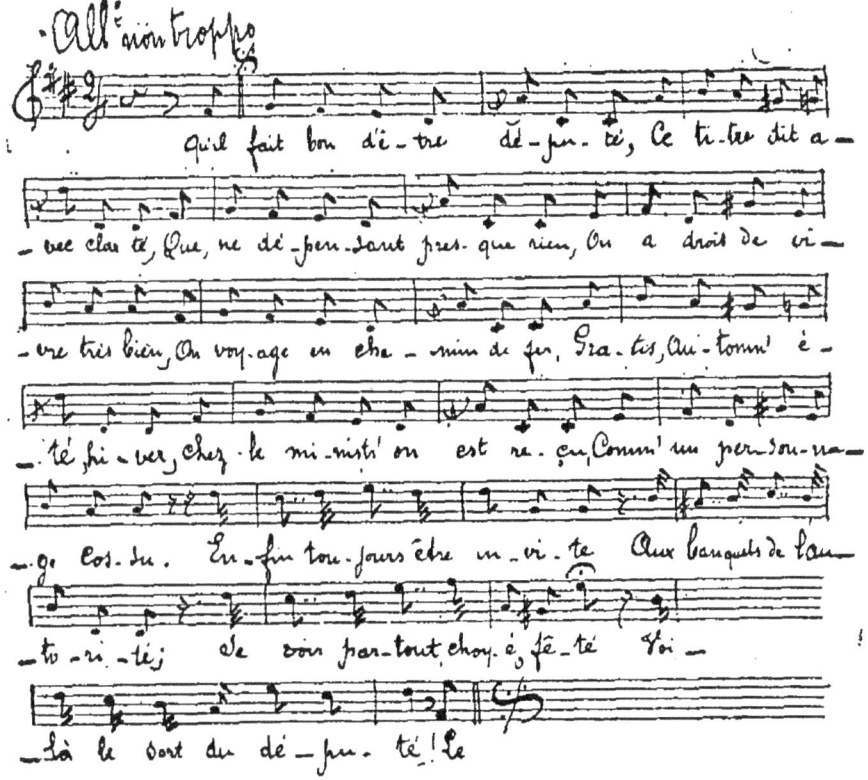

(1) Publié avec l'autorisation de MM. CHOUDENS frères, éditeurs, 30, boulevard des Capucines, Paris.

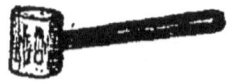

Le député, c'est le pouvoir;
L'électeur veut tout lui devoir.
Le député promettra tout,
Quitte à ne rien tenir du tout.
A la Chambre souvent muet,
Il bavarde à l'estaminet;
Quant à l'exemple de *Baudin*,
Le suivre, ce serait trop daim !

Ces messieurs touchent vingt-cinq francs,
Par jour, pour eux et leurs parents.
Quel sort plus heureux, plus fêté ?
Qu'il fait bon d'être député !...

A son député, le rural
Fait des cadeaux comme un vassal ;
Le député, s'il est complet,
Vous a le ruban violet.
Sa médaille lui vaut partout
Un libre accès, un succès fou ;
Il peut se lire, heureux mortel,
Dans le puissant *Officiel*.

Après Carnot, chef de l'Etat,
Il a, lui, le plus bel état.
Quel sort plus heureux, plus fêté ?
Qu'il fait bon d'être député !...

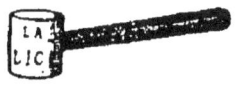

Les fanfares, les orphéons
Lui font escorte en plusieurs tons ;
Tous les pompiers, l'aimant en chœur,
Pompent du vin en son honneur.
Au nom sacré du Parlement,
S'il explore un département !
L'enfance lui donne un bouquet,
Son parti lui colle un banquet !

Sur le beau sexe il fait effet,
Lorsqu'il interpelle Floquet.
Quel sort plus heureux, plus fêté ?
Je voudrais être député !... (*bis*)

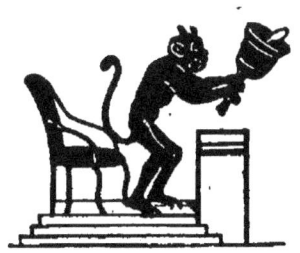

A Baron, des Variétés.

LE TROU DU SOUFFLEUR

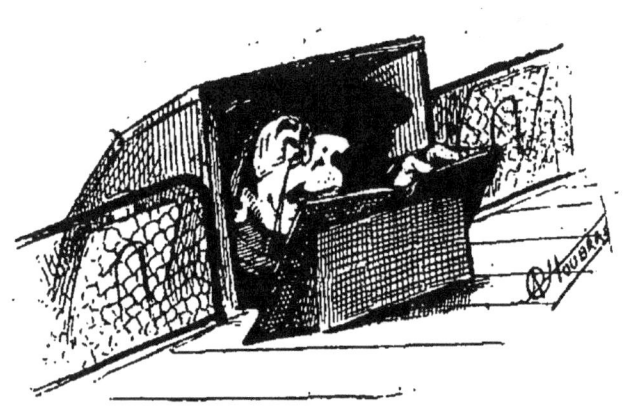

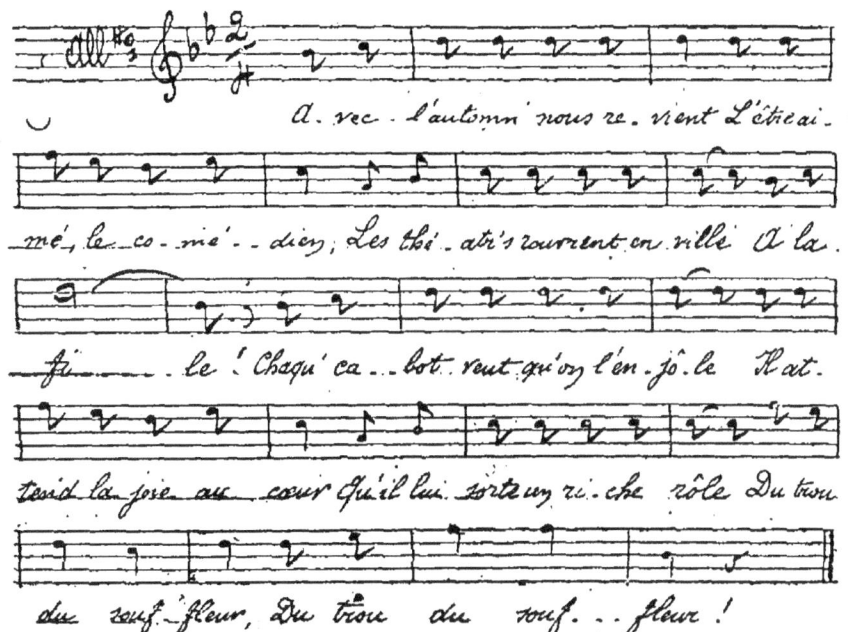

LE TROU DU SOUFFLEUR

Musique d'ARISTIDE BRUANT (1)

Avec l'automn' nous revient
L'être aimé, le comédien.
Les théâtr's rouvrent en ville,
    A la file.
Chaqu' cabot veut qu'on l'enjôle;
Il attend, la joie au cœur,
Qu'il lui sorte un riche rôle...
    Du trou du souffleur! *(bis)*

L' directeur, également,
Attend un succès charmant.
On compte aussi mettr' dans l' mille,
    A Bell'ville!
L'auteur attend sur la brèche,
Que sa pros' lui fasse honneur
Et l' sorte un peu de... la dèche
    Par l' trou du souffleur! *(bis)*

L' contrôleur, cravaté d' blanc,
Trône en juge suppléant,
Et quand s' présente un' bell' fille,
    Il frétille!...

(1) Publié avec l'autorisation de l'éditeur, M. Bruant, 84, boulevard Rochechouart, Paris.

A la rampe un' jamb' bien faite,
Qui s'exhibe sans pudeur,
Allume et monte une tête
   Dans l' trou du souffleur! (*bis*)

Chacun souffle à qui mieux mieux :
Enfant, jeune homme et bon vieux.
A souffler, l'amour, bon drille,
     S'égosille !
Aussi, la petit' Mireille
Veut que son adorateur
Lui souffle amour à l'oreille :
   C'est l' trou du souffleur ! (*bis*)

L'autre soir au Châtelet,
Vêtu d'un très beau complet,
J' m'install' près d'un' femm' gentille,
    Et j' roupille !
Tout à coup un bruit sonore
Vient d' la dame — quelle horreur !
On devrait rendre inodore...
   Le trou du souffleur !... (*bis*)

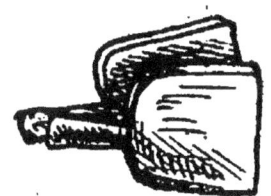

A feu LITTRÉ.

MONNAIE D'SINGE

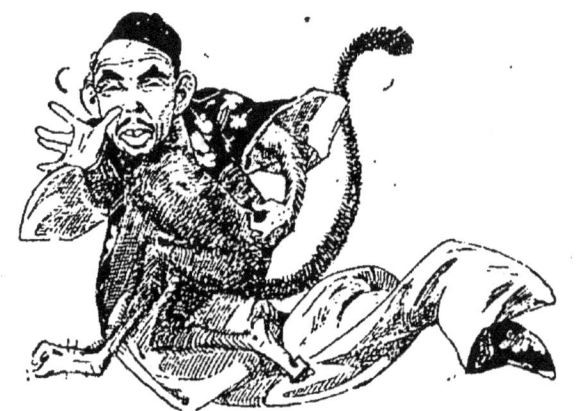

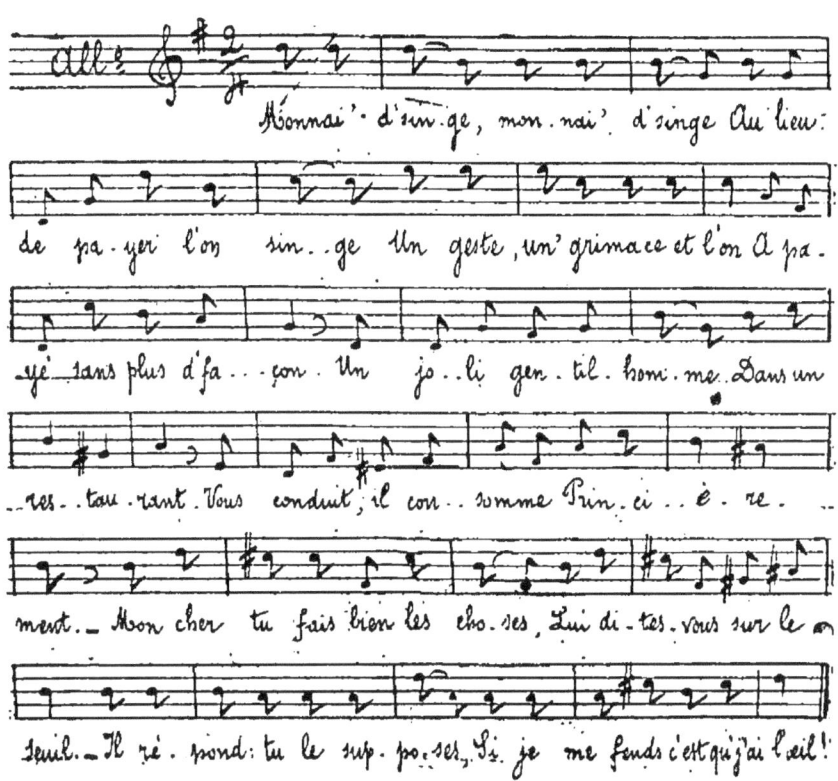

MONNAIE DE SINGE (1)

AIR : *Cell'-là faudrait pas m' la faire.* (2)

Monnai' d' singe, (*bis*)
Au lieu de payer, on singe
Un geste, un' grimace, et l'on
A payé sans plus d' façon !...

(1) Chantée dans *Tout le Monde sur le Gril*, revue en 4 actes (en collaboration avec M. MILHER).

(2) Publié avec l'autorisation de l'éditeur TRALIN, 5, rue du Croissant, Paris,

Un joli gentilhomme,
  Dans un restaurant,
Vous conduit; il consomme
  Princièrement.
— Mon cher, tu fais bien les choses,
Lui dites-vous sur le seuil.
Il répond : Tu le supposes,
Je me fends parc' que j'ai... l'œil!...

  Monnai' d' singe, etc.

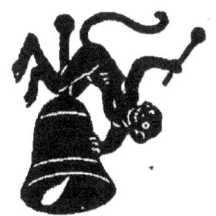

Cette monnaie abonde
  Sur l' pavé d' Paris,
Dans l' grand et l' petit monde
  Elle vaut son prix!
Pour son amour un' donzelle
Demande des monceaux d'or.
On donn' son cœur à la belle;
Après l' reste ell' court encor!...

  Monnai' d' singe, etc.

A son propriétaire,
Un' danseuse en r'nom,
Doit trois termes, que faire?
Payer, c' n'est pas long!
Un' minaud'rie, une œillade,
Sous la table un coup de pied,
En fiacre une promenade,
Et voilà l' terme payé!...

Monnai' d' singe, etc.

Payer! que c'est donc bête!
Disent bien des gens
A qui *Sainte-Galette*
N' montre que les dents;
A la correctionnelle,
Où défile ce remous,
Il faut voir la kyrielle
Des escrocs et des filous!...

Monnai' d' singe, (*bis*)
Au lieu de payer, on singe
Un geste, un' grimace, et l'on
A payé sans plus d' façon!...

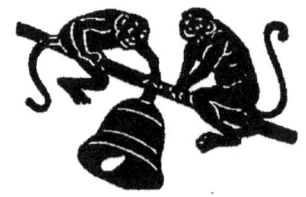

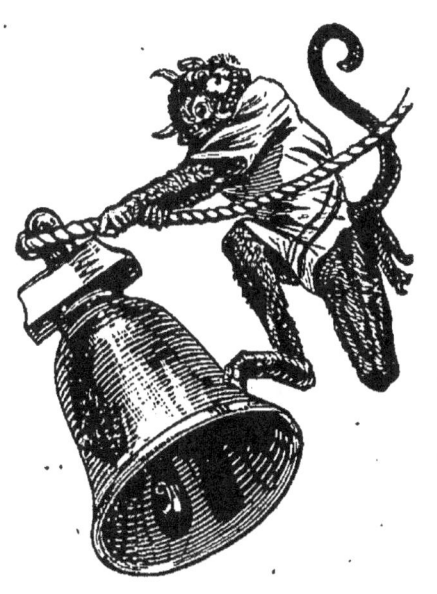

A M. Ferdinand de Lesseps.

LES FEZ

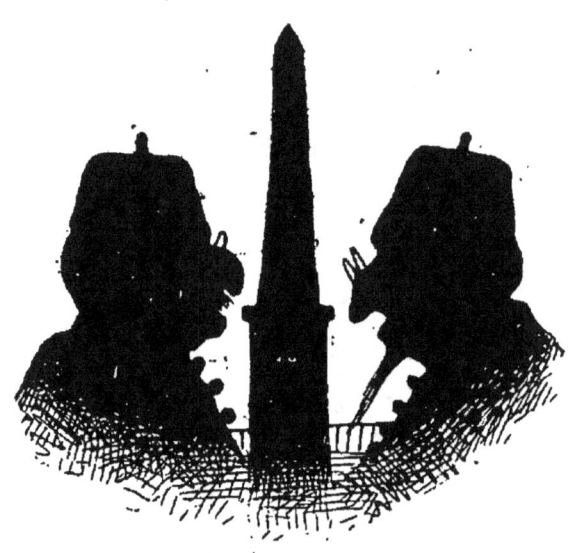

LES FEZ

Air *des Gueux*, de Béranger.

(Voir la musique de la chanson *La Queue*, page 96)

Les fez, les fez
Du Maroc et d' Suez,
Chez nous font florès,
J'aime les fez!...

C' bonnet sied à la chev'lure
D'un mâl' visage égyptien.
Je n'abhorr' qu'une coiffure,
C'est l'affreux casque prussien!...

Les fez, les fez, etc.

Gavroch', l'autr' jour à Montrouge,
Dit en montrant un fellah :
— Tiens, cett' bouteill' cachet rouge,
Ça c'est du Bordeaux d'extra!...

Les fez, les fez, etc.

(1) Exhibition des deux sœurs *Rosa-Josépha* au théâtre de la Gaîte, phénomène semblable à celui des frères siamois et des deux sœurs Milly-Christine.

C' qui plut au fils du khédive,
Ça n'est pas la ru' d'Uzès;
C'est l'obélisque, il ravive
De Sésostris et d' Ramsès

    Les fez, les fez, etc.

J'ai vu les sœurs, l' phénomène
Qu' la *Gaîté* (1) mit sous nos yeux;
Leurs corps s'unit en bas d' l'aine,
Mais ell's n'ont qu'un fess'... pour deux...

    Les fez, les fez, etc.

Sur la matrone d'Éphèse
Que n'a-t-on dit? Je dis plus :
D'avoir des fez... on est aise,
Parc' qu'on peut... s'asseoir dessus!...

    Les fez, les fez, etc.

Y a *fes*... tins de noce et d' Pierre,
Des *fes*... tivals d'exposants,
Des *fais*... ceaux d'armes de guerre,
Des *fes*... sé's pour les enfants!...

    Les fez, les fez, etc.

L'omnibus Bastill'-Mad'leine
Ne roul' pas qu'. la frêle Agnès,
Souvent la voiture est pleine
Parc' qu'on y r'çoit d' trop gros... fez!...

    Les fez, les fez, etc.

J'ai fait sur cette coiffure
Des calembours... malséants,
Et j'ai peur, je vous le jure,
De r'cevoir votre pied dans...

    Les fez, les fez,
   Du Maroc et d' Suez,
   Chez nous font florès,
     Vivent les fez!...

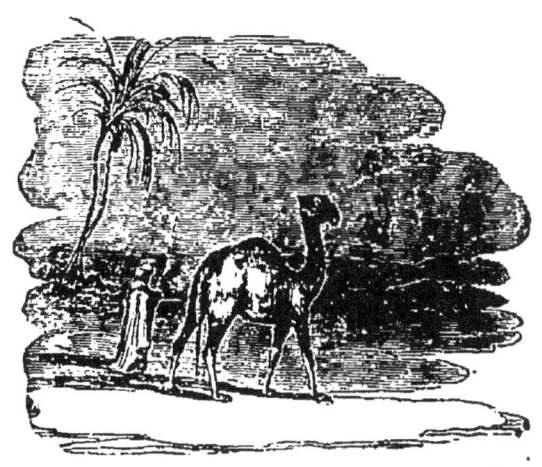

Au pâtissier JULLIEN.

LE PATISSIER DE BOUGIVAL

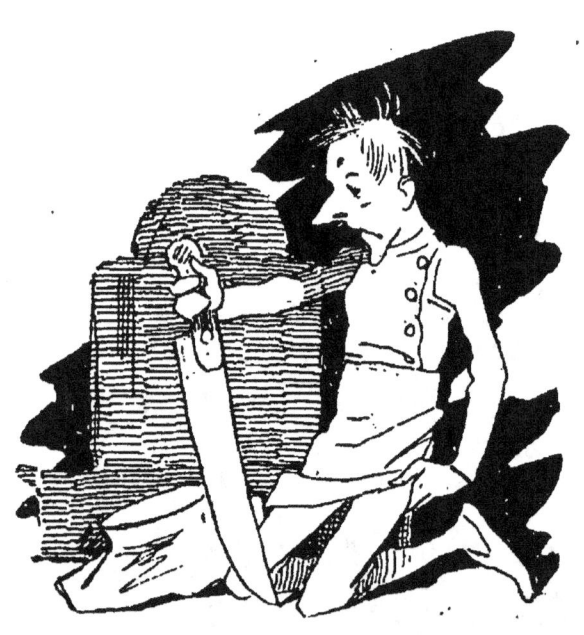

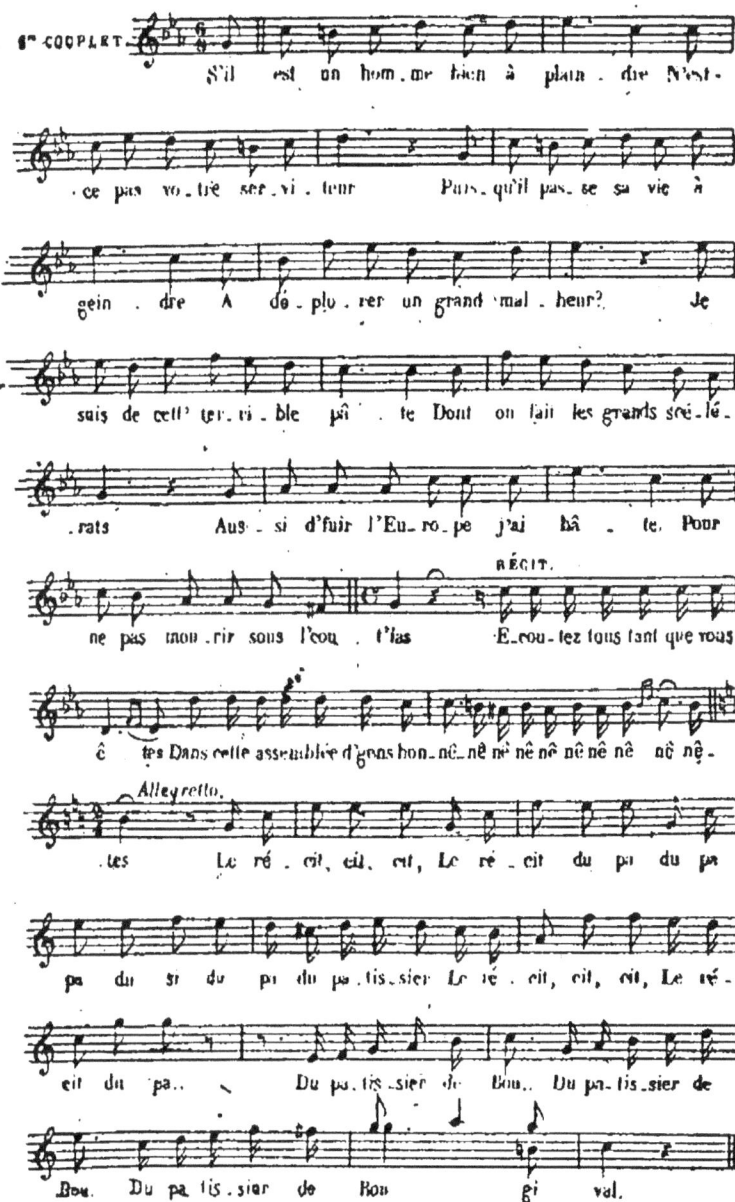

LE PATISSIER DE BOUGIVAL

COMPLAINTE ENFARINÉE

Chantée par STAINVILLE au Concert des Ambassadeurs

—

(1) *Musique de Ch. Hubans*

Avec ma femme de ménage
Je faisais un' parti' d' loto,
Quand elle me tint ce langage :
« Tu m' tromp's je le sais d'puis tantôt! »
Je lui jur' que non, sur sa tête,
Mais ell' qu'était pris' de cognac,
En plein, dans les deux yeux me jette
De sa tabatièr' tout l' tabac.

Écoutez tous, etc.

Que faire en pareille colère;
J'en appelle à tout le public?
Si c' n'est d' proj'ter de la commère
La prompte mort par l'arsenic?

---

(1) Publiée avec l'autorisation de MM. Choudens frères, éditeurs, boulevard des Capucines, 30, Paris.

J'en achèt' donc un' forte dose,
Mais, hélas ! mon premier mitron,
Qui prend ça pour toute autre chose,
En saupoudre tout' la cuisson !...

Écoutez tous, etc.

Vous devinez, j'ose le croire,
L'horrible effet d' la mort aux rats ;
Le lend'main, la vill' fut tout' noire,
J'avais vingt-sept morts sur les bras !
Larmoyant : Allons, je n' ferai plus ma poire,
Sur moi l'on va mettr' le grappin,
Avec rage : Non !.!! ce tranch' lard qui fit ma gloire,
Va me fair' passer l' goût du pain !...

Faisant le geste de se percer le sein avec son tranche-lard, et se passant celui-ci sous le bras.

Vous avez ouï, tant que vous êtes,
Dans cette assemblé' d' gens honnêtes,
Le récit, cit, cit,
Du pâ, ti, ti,
Pâtissier
De Bougi,
Gi,
De Bougival !...

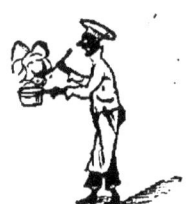

Au Docteur Brown-Sequard.
LES NOCES SÈCHES

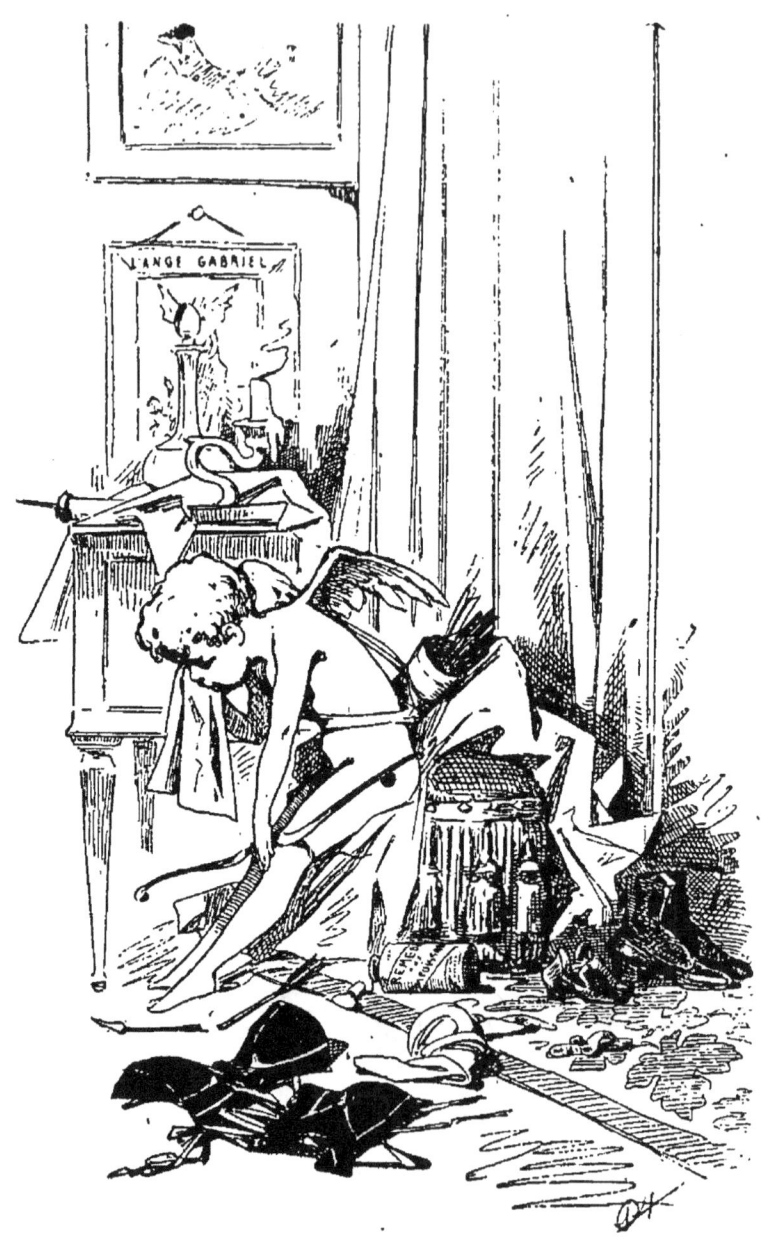

« *La France se dépeuple tous les jours.* »

LES NOCES SÈCHES

—

Air : *Marchande de marée (Fille de Madame Angot, 1ᵉʳ acte)*

De notre capitale
Les derniers recens'ments
Prouvent, chose anormale,
Que l'on n' fait plus d'enfants.
Partout, quoique l'on prêche
Croissez, multipliez,
L'amour s' montre revêche ;
Que font les gens mariés ?

A nos crèches,
Noces sèches,
Vous causez les plus grands torts.
L'impuissance
Règne en France.
On d'mand' des homm's jeun's et forts ! } *(bis)*

Pour l'art gastronomique,
Le seul qui soit son fort,
Je vois un hydropique
A l'amour faire tort.
Nul et froid comme glace,
Ce ventru décoré
N' peut accroître sa race,
Il est oblitéré !...

    Sa femm' bête
    Et coquette,
Vrai' poupée au cœur de son,   *(bis)*
    Est stérile
    Et jubile
De n' pouvoir faire un poupon !...

Quand j' vais au Pèr'-Lachaise,
Malgré moi, sans retard,
Je suis toujours bien aise
D' voir la tomb' d'Abeilard.
Ce Fulbert qui débourse
Amants à coup d' ciseau,
Aujourd'hui, les gens d' Bourse
L' chât...ieraient comme il faut !

D'Héloïse,
Qu'on se l' dise,
La déveine dure, — car
L'impuissance
A la France
Vaut d'innombrabl's Abeilard !

} (bis)

Connaît-on un remède
A ce malheur public ?
Le levier d'Archimède
Tomb'rait vraiment à pic.
A la quatrièm' page
D' tout journal bien coté,
On lit, et ça m'enrage :
« Plus de stérilité ! »

Or, maint's dames
Aux sag's-femmes
S'adressent pour fair' chou-blanc...
Plus d' famille !
Chaqu' jeun' fille
Redoute d'être maman !...

} (bis)

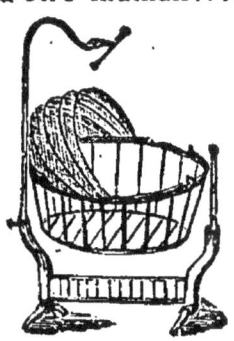

A M. Alphand.

L'ARROSEUR

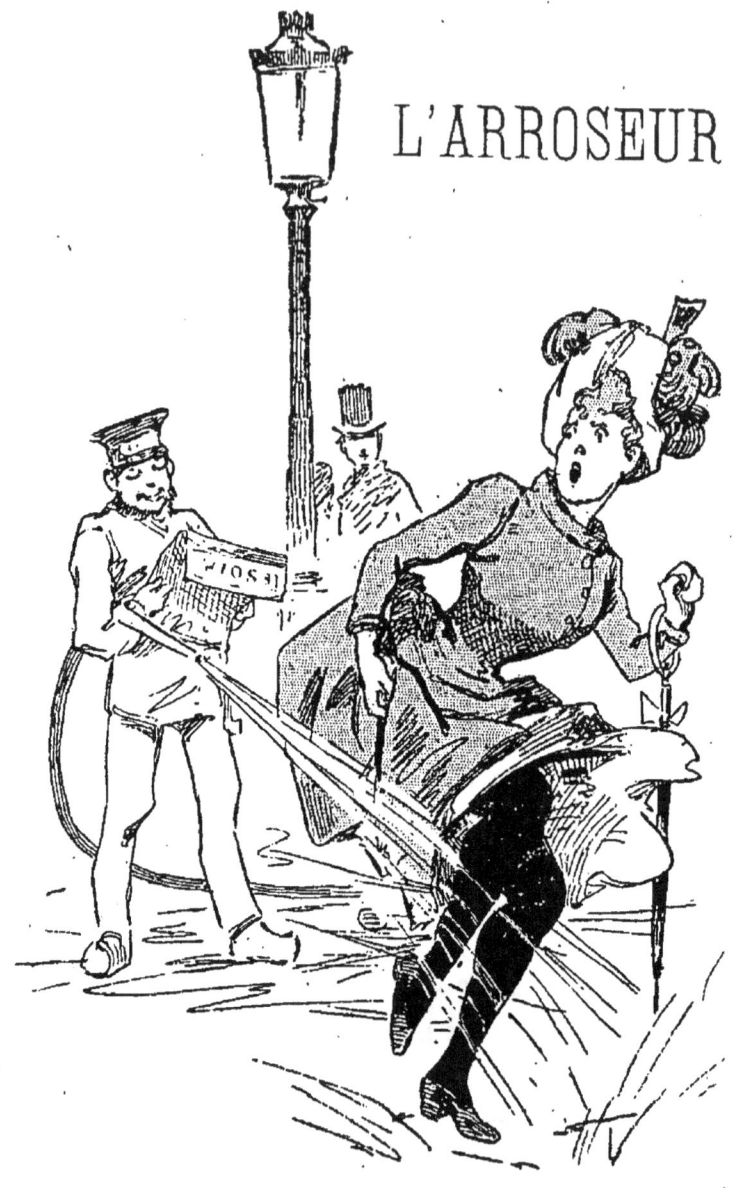

L'ARROSEUR DES BOULEVARDS

Chansonnette chantée à la Scala par RÉVAL

Air : *Bouton de Rose*

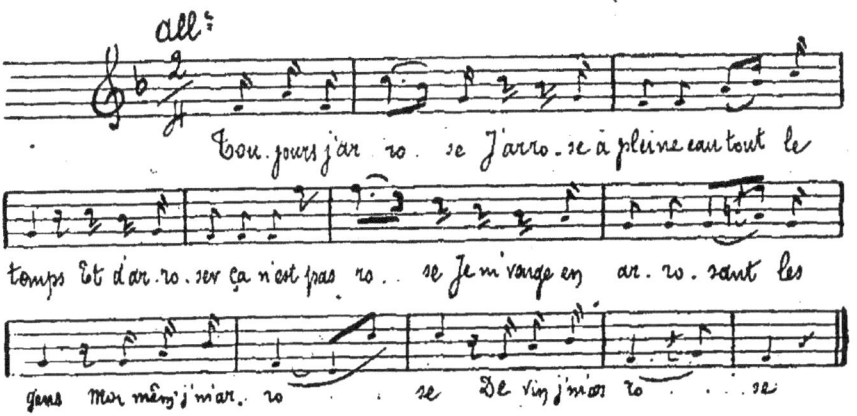

J' détest' la pose
Et quand je vois des épateurs
Dans d' beaux habits s' croir' quelque chose,
Pour rafraîchir tous ces poseurs,
   J' vous leur arrose
     Leur gilet rose !

La grand' névrose
V'là l' mal du jour! dit le méd'cin,
Le r'mèd' qu'à ce mal il oppose,
C'est un' bonn' douch' soir et matin;
  Qui veut qu' j' l'arrose?
  J' douch'e et j'arrose!

La plus bell' chose,
Amour, ce sont tes doux liens;
Mais l'amour m' choque et m'indispose
Quand je le vois faire entre chiens!...
  Comm' j' les arrose,
  Vit' j' les arrose!

Moi, je propose
Mon concours au gouvernement;
Pour les émeutes qu'il dispose
D' mon jet, et plus d' rassemblement!...
  Je les arrose,
  La foul' j' l'arrose!

Vrai virtuose,
Je dirig' ma lance et mon jet
Avec art, et quoique l'on glose,
Mon épouse est là pour dire si j'ai
  Le jet morose,
  Quand moi, j'arrose!

Souvent j' m'expose
A m' fair' broyer les escarpins
Quand au lieu d'arroser, je cause,
Sans voir omnibus et sapins
    Qu'aussi j'arrose,
    J' cause et j'arrose !

    Quand je m' repose
Content, le soir, de mon labeur,
Un' brav' main dans la mienn' se pose,
C'est cell' d'un ami : l' décrotteur,
    Heureux qu' j'arrose
    Lui, veut que j'arrose !...

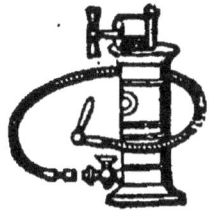

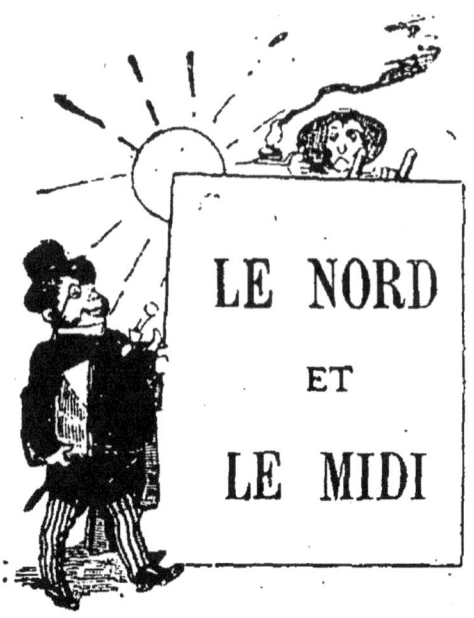

LE NORD ET LE MIDI

Couplets chantés par M. Numès au *Cercle de la Presse*

(Air de la *Briguedondaine*)

Depuis *Numa Roumestan,*
   La digue, digue, digue,
   La digue, digue, pan,
L' Midi jubile vraiment,
   La digue, digue, digue,
   La digue, digue, pan,
Et le Nord est dans la peine,
   La briguedondaine.
Nord, Midi? j' suis rud'ment
      Hésitant! *(bis)*

L'aïl est un mets odorant,
La digue, digue, digue,
La digue, digue, pan,
Les gens du Midi l'aim'nt tant,
La digue, digue, digue,
La digue, digue, pan,
Qu'ils en mett'nt dans leur haleine,
La briguedondaine,
Ceux du Nord n'ont pas, eux,
B'soin d'*ail... eux!* (*bis*)

Le Nord est plus qu'attristant,
La digue, digue, digue,
La digue, digue, pan,
A preuve anglais, allemand!
La digue, digue, digue,
La digue, digue, pan.
Des vill's Marseille est souv'raine,
La briguedondaine,
L' Nord ne vaut pas dans l' Midi...
Un radi'! (*bis*)

Du Nord, à ce qu'on prétend,
La digue, digue, digue,
La digue, digue, pan,

La lumière est nous venant,
 La digue, digue, digue,
 La digue, digue, pan,
Le Midi s' croit plus de veine,
 La briguedondaine !
Son soleil, dit-il, calcinait
  Freycinet ! (*bis*)

Les peureux au cœur tremblant,
 La digue, digue, digue,
 La digue, digue, pan,
Perdent le Nord constamment,
 La digue, digue, digue,
 La digue, digue, pan,
Au soldat l' Midi fait peine,
 La briguedondaine,
Quand, prisonnier, on lui dit :
 Cherch'-Midi ! (*bis*)

A l'âge de l'adolescent,
 La digue, digue, digue,
 La digue, digue, pan,
Vénus vous met sur le flanc,
 La digue, digue, digue,
 La digue, digue, pan,

Plus d'un malade, ô déveine !
La briguedondaine,
Préfèr' l' Nord, sans contredit,
Au *Midi !* (bis)

Du Midi sont des tas d' gens,
La digue, digue, digue,
La digue, digue, pan,
Qui devienn't nos gouvernants,
La digue, digue, digue,
La digue, digue, pan,
Voyez, la Chambre en est pleine,
La briguedondaine,
Il y souffl', quand ça va mal,
Du mistral !... (bis)

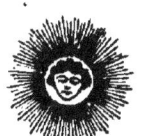

A YVETTE GUILBERT.

LE VIEUX CANAPÉ

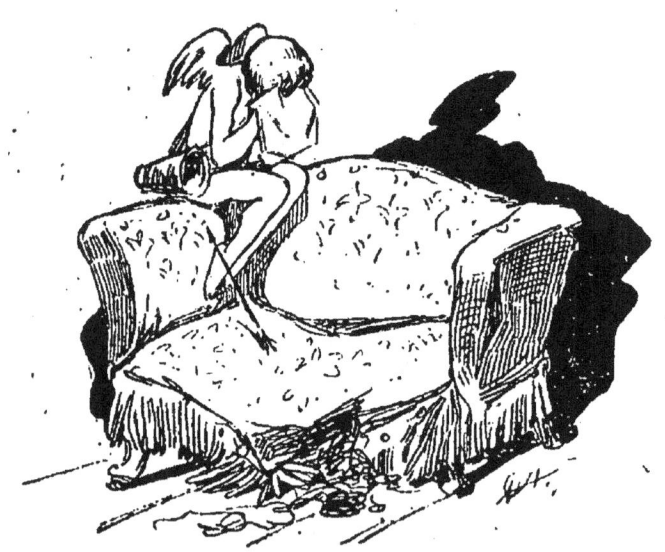

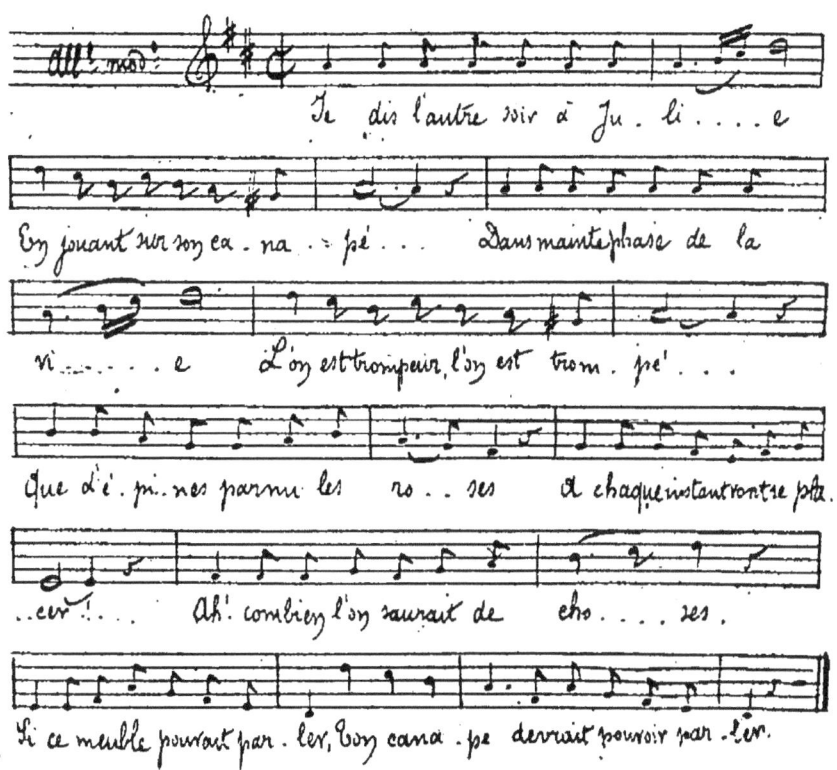

LE VIEUX CANAPÉ

Je dis l'autre soir à Julie,
En jouant sur son canapé :
Dans mainte phase de la vie
L'on est trompeur, l'on est trompé.
Hélas! que d'épines aux roses
A chaque instant vont se mêler.
Ah! combien l'on saurait de choses
Si ce meuble pouvait parler ;
Ce canapé devrait pouvoir parler!...

Aussitôt une voix plaintive
S'échappe à travers le vieux crin ;
Tous deux ayant l'âme craintive,
Nous crûmes entendre un lutin:
— Que votre frayeur se rassure,
Nous dit le canapé parleur,
Car je sais plus d'une aventure
Et je ne suis point un menteur.
Je suis un vieux canapé plein de cœur!

— A peine venais-je de naître,
Qu'un soir au fond du magasin,
Dans mes bras je reçus mon maître
Avec la fille du voisin.
Je mis beaucoup de complaisance
A seconder leur vive ardeur.

Moi, je perdis mon innocence
Et la belle perdit sa fleur !
Hélas ! c'est moi qui vis faner sa fleur !...

— Plus tard, pour une saturnale,
Je sortis de l'hôtel Drouot.
La dame était horizontale,
Elle m'avait choisi presto !
L'on m'adjugea selon l'usage,
Oui, je fus vendu pour cent francs.
Et chaque soir sur moi, je gage,
Qu'elle en gagnait plus de cinq cents.
Mes doux ressorts berçaient tous ses amants !

Aujourd'hui, par la chaise longue
Je suis éclipsé, — quel guignon !
Serait-ce par sa forme oblongue
Qu'elle me détrône ? Mais non !
Ce n'est qu'une affaire de mode ;
Cupidon, tu me vengeras,
Car je suis tout aussi commode
Quand je tiens l'amour dans mes bras.
Tendres amants, revenez dans mes bras !...

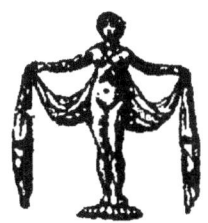

A mon ami BERTOL-GRAIVIL.

VIVE
LA TERRITORIALE!...

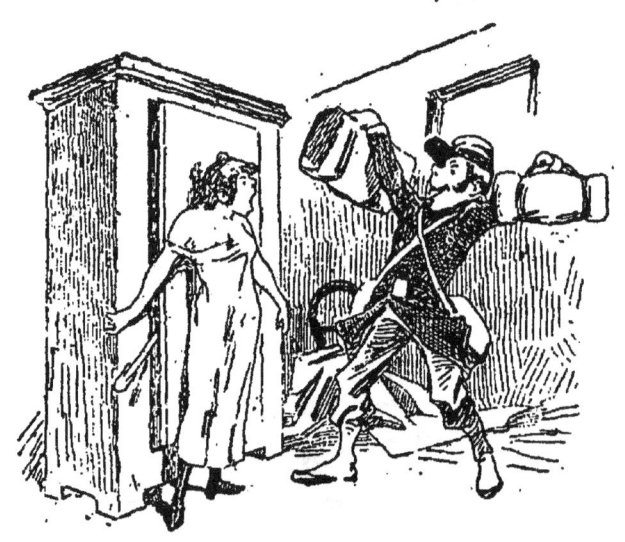

VIVE LA TERRITORIALE!

(1) Ronde chantée aux Folies-Bergères par M. CHALMIN
Musique de M. L. C. DESORMES

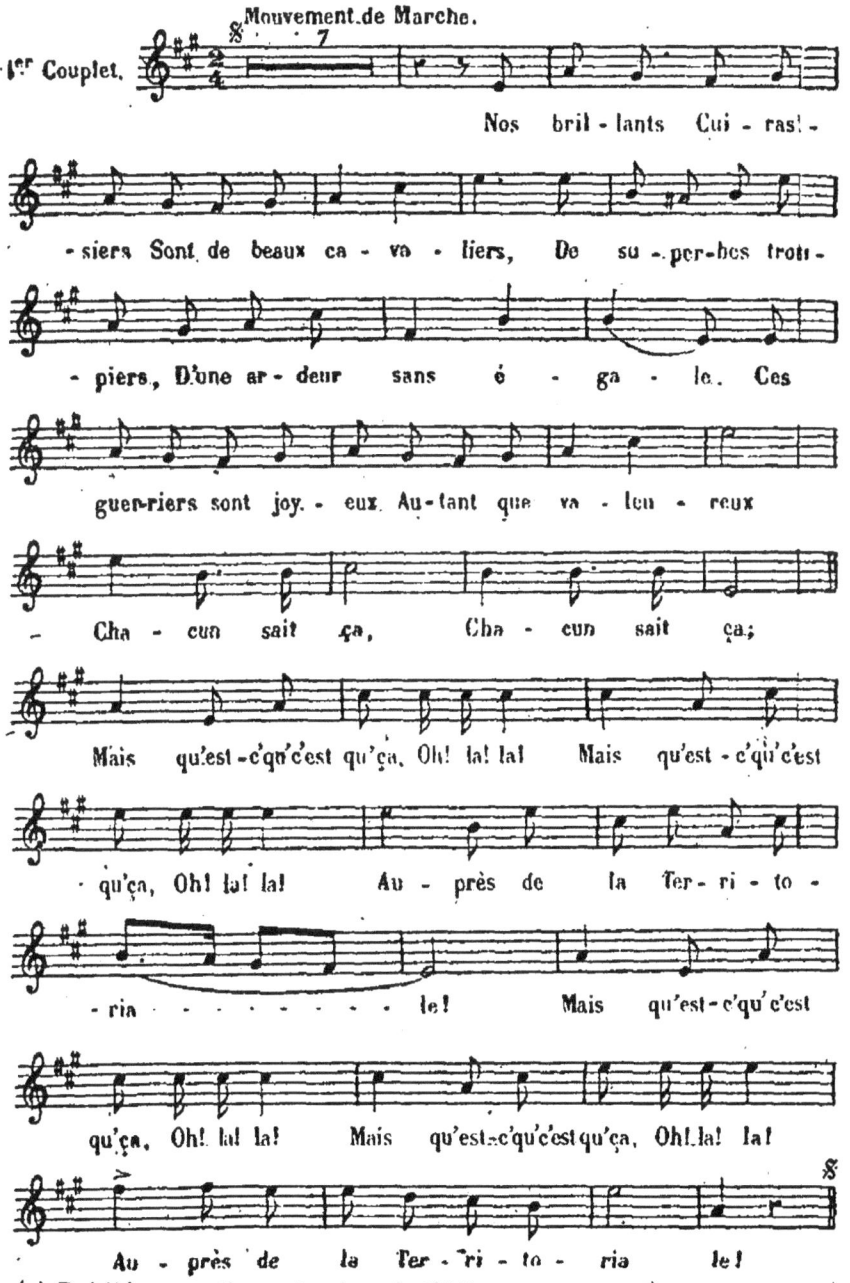

(1) Publiée avec l'autorisation de l'éditeur M. L. C. DESORMES, rue des Vinaigriers, Paris.

Le bon petit lignard,
Qui devient vieux grognard,
Pour sauver l'étendard,
En avant se signale !
On l'appelle pioupiou
Et ce brave s'en fout !
Chacun sait ça,
Mais qu'est-ce que c'est que ça,
Oh ! la la !
Auprès de la
Territoriale !...

Rendons à nos chasseurs,
Comme à nos artilleurs,
De même qu'aux sapeurs,
Justice impartiale !
Ce sont de beaux gaillards
Comm' jadis les hussards,
Chacun sait ça,
Mais qu'est-ce que c'est que ça,
Oh ! la la !
Auprès de la
Territoriale !...

J'aime fort les dragons,
Francs-lurons, beaux garçons ;
Ceux-là sont sans façons ;
Bien vu qui les régale !

Aux dragons de vertu
Ils dis'nt : Turlututu !
Chacun sait ça,
Mais qu'est-ce que c'est que ça,
Oh ! la la !
Auprès de la
Territoriale !...

Du train je parlerai,
Car d'être très intré-
— pide il a mieux qu' la ré-
— putation banale ;
Le train, qui va son train,
Est un vrai boute-en-train,
Chacun sait ça,
Mais qu'est-ce que c'est que ça,
Oh ! la la !
Auprès de la
Territoriale !...

Le génie est fort bien ;
On cite son maintien ;
Il ne se gêne en rien,
Sa force est géniale !
Le génie est français,
Partout il a l'accès,
Chacun sait ça,

Mais qu'est-ce que c'est que ça,
Oh! la la!
Auprès de la
Territoriale!...

Lorsque vient le moment
D'aller au régiment,
L' Territorial, gaîment,
Quitt' la d'meur' conjugale,
Mais au bout de treiz' jours,
Il revoit ses amours,
Chacun sait ça,
Et c'est à c' moment là,
Oh! la la!
Que rien n' vaut la
Territoriale!...

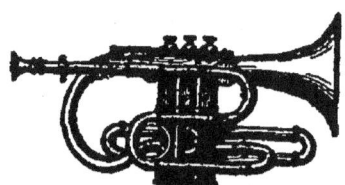

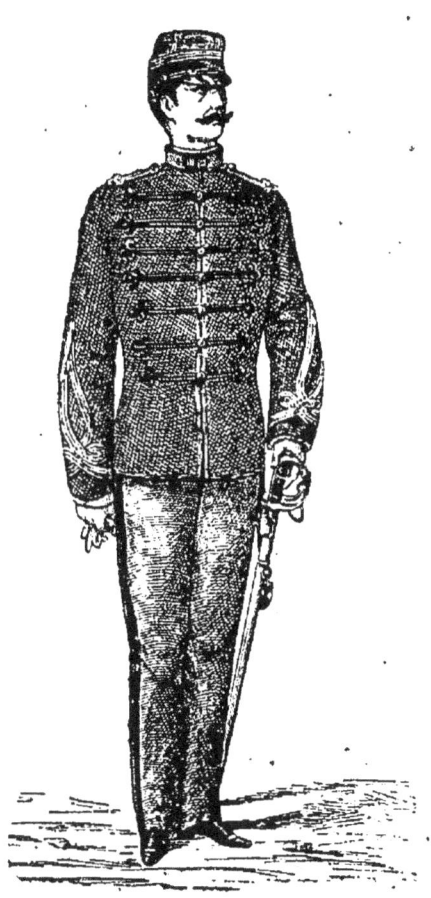

A SARRAZIN, directeur du Divan Japonais.

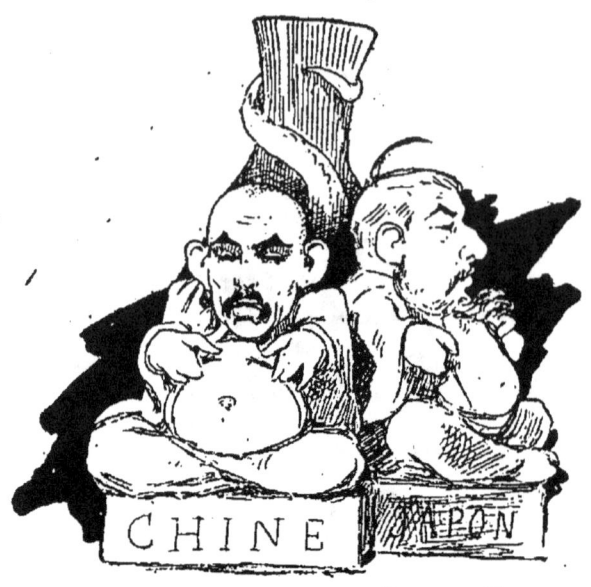

MAGOTS ET POTICHES
AIR : *V'là mon caractère*

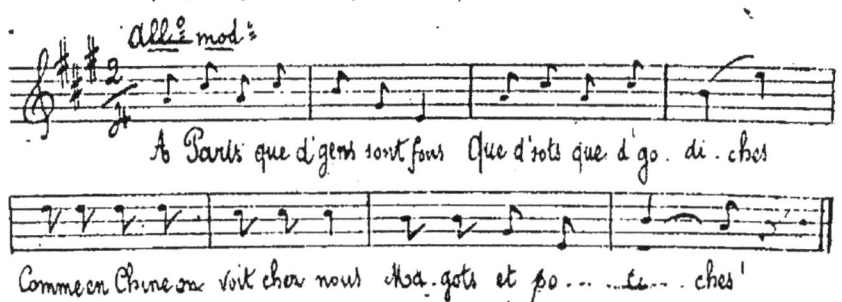

Paris ador' le Japon.
 Nous n'en somm's point chiches.
 Tout l' monde a, dans son salon,
 Magots et potiches !   } bis.

Ces femm's qui, sur le retour,
    Brill'nt, grâce aux postiches.
Et ces vieux qui cherch'nt l'amour
    Magots et potiches.

Jeun's gens qui n' font que parler
    De turf et d' pouliches ;
Fill's habil's à s' maquiller
    Magots et potiches !

'Ceux qui font des embarras
    Plus qu'ils ne sont riches,
Poseurs, vantards, fiers-à-bras...
    Magots et potiches !

Ces gogos ajoutant foi
    Aux blagu's des affiches ;
C'est nous tous, c'est vous, c'est moi !
    Magots et potiches !

Chez nous la graisse est un mal.
    En Chine on s'en fiche ;
Témoin l' ventr' phénoménal
    D' magot ou potiche !

La Chine, au Palais-Bourbon,
    Nous fait quelques niches.
Que de députés y sont.....
    Magots et potiches !...

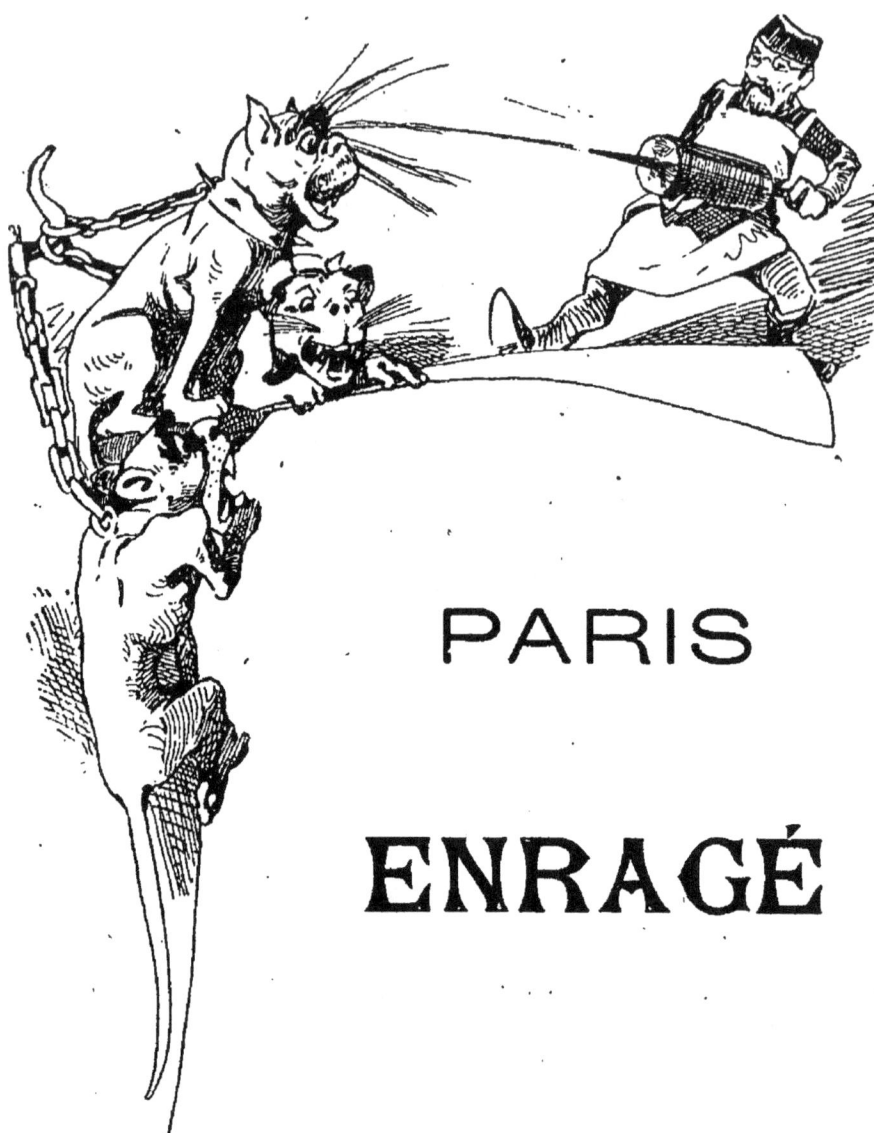

A M. PASTEUR.

PARIS

ENRAGÉ

PARIS ENRAGÉ

Air : *Qu'il est flatteur d'épouser celle* (Clef du Caveau)

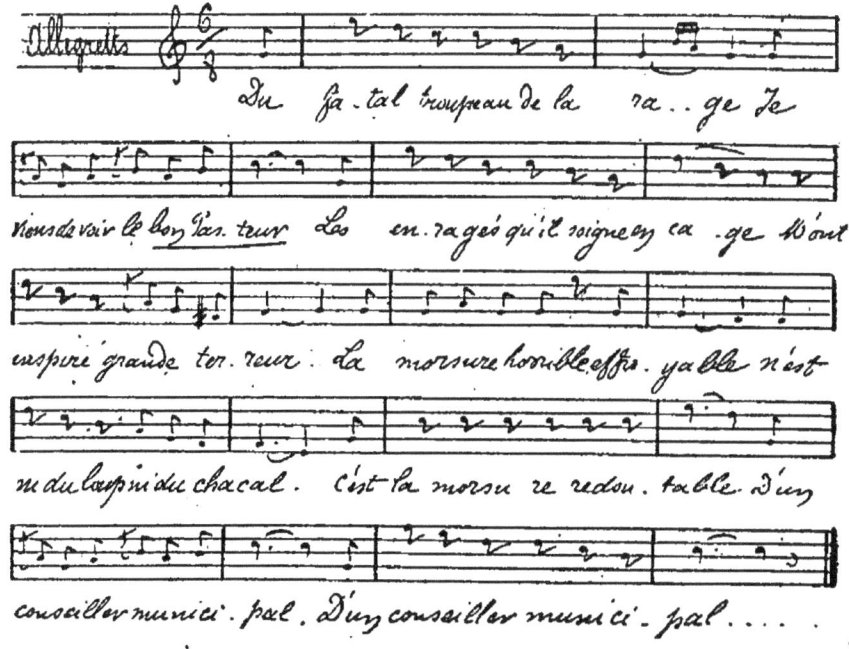

De l'illustre savant j'admire
La découverte sans rager,
Mais de la rage, j'ose dire
Qu'elle est quelquefois sans danger.
A l'Eden, une grue âgée
M'a fait braver tous les virus...
J'ai mangé la v... enragée
Et me porte comme... Paulus !... *(bis)*

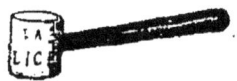

Si l'on mettait la muselière
Aux enragés de tout Paris,
On verrait une armée entière
Mordre les mollets... ennemis !
Monsieur Pasteur, rien qu'à la Chambre
Des députés, serait perclus,
S'il lui fallait jusqu'en décembre
Innoculer tous les mordus !... *(bis)*

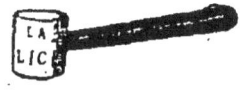

La rage est inhérente à l'homme:
Rage de dents, rage d'amours ;
Et toutes ces rages, en somme,
N'abrègent pas par trop ses jours.
L'actrice a la rage des planches
Et rien ne saurait l'en guérir ;
Le nègre a la rage des blanches
Et la rage de se blanchir !... (bis)

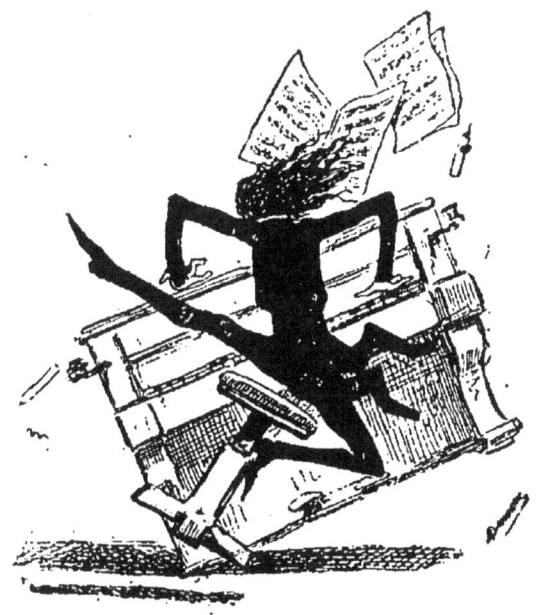

A mon Ami CHAMPON
Président de la Lice Chansonnière.

LES
GIBOULÉES
DE
MARS (1891)

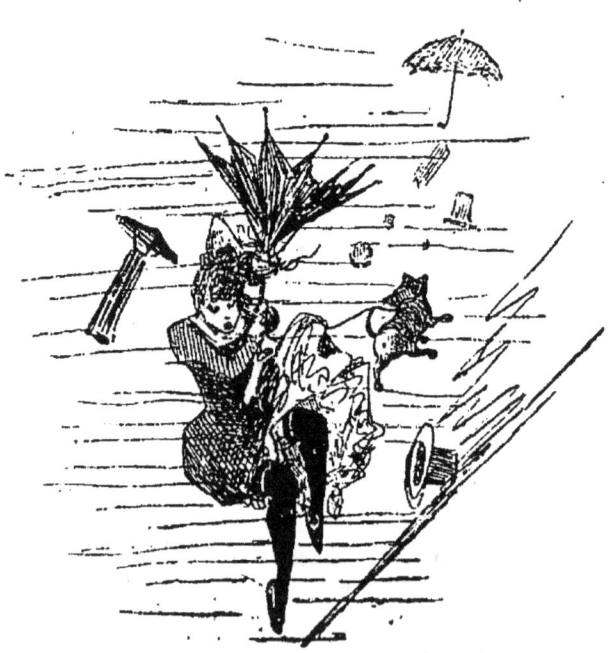

LES GIBOULÉES DE MARS

Air final des Revues

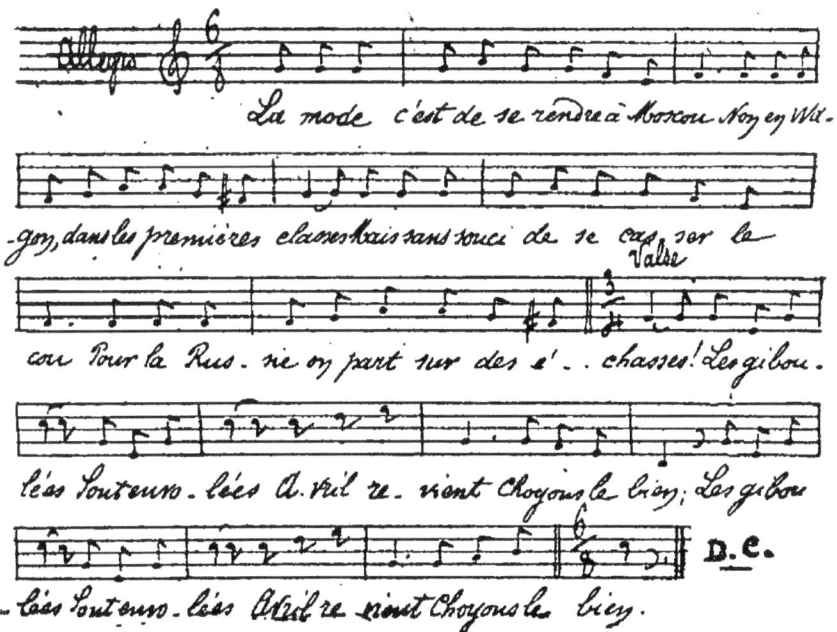

On fait savoir qu'un des sujets du Czar
Va faire mieux, et voici sa manière :
De Pétersbourg, sans vélo ni brancard,
Il va venir sur le dos d' sa bell'-mère!...

Le marronnier du Vingt Mars vient d' geler;
Notre Printemps, arrivant d' Sibérie,
Dit à l'Hiver : « Y n' faut pas t'en aller,
» Car les Français sont tout à la Russie!... »

Plus de paris aux courses de chevaux!
La loi Constans est un' des plus sévères!
Pour les sportsmen ils iront voir les veaux-
Marins qui nagent aux Folies-Bergères!...

Madier d' Montjau, l' député des nougats,
Au Parlement d' sa vertu se r'commande,
Et, pour sévir, prétend que, dans ce cas,
C'est par l'amend' que le peuple s'amende!...

Jérôme est mort sans la confession,
Et sans pardon pour Victor, fils et prince;
Même dans son cercueil de plomb, Plon-Plon
Disait encore : « Ah! si jamais j' le pince!...

Notre tunnel effrayait les Anglais,
D' peur que chez eux on débarque un dimanche;

En attendant, entre Douvre et Calais,
Par téléphone on se met dans leur Manche!...

Avant d' céder, on voit Ritt et Gailhard (1)
Se mettre en frais pour nous donner *le Mage*,
Mas ce n'est pas encor l' dernier mot d' l'art :
Si ce l'était, ce s'rait vraiment dom... mage!...

Gare aux docteurs qui se font charlatans!
Un' nouvell' loi va les rendre bien tristes
Bien moins de gens vont nous mettre... dedans,
Lorsqu'il faudra le diplôme... aux dentistes.

Monsieur Poubelle est célèbre très loin;
Son nom est mêm' sur les boît's aux ordures;
Il veut maint'nant qu'on les couvre avec soin :
Quel chapelier se charg'ra d' ces coiffures?

Plaignez les *ceuss* qui suiv' les molletons
Du sexe aimé dans l' boudoir et les bouges,
Car un chimiste a trouvé des poisons,
Oui, des poisons, mesdam's, dans vos bas rouges.

(1) Directeurs de l'Opéra.

A *Terre-Neuve* on nous prend nos filets,
Nous reprochant d' pêcher en eaux anglaises;
Si nos homards passent aux Anglais,
Nous laiss'ront-ils au moins nos mayonnaises?

Au moment où je finis ce refrain,
On nous apprend qu'un vieux Russe se flatte
D' pouvoir venir d' Pétersbourg à Pantin
En quinze jours! et que c'est un cul-d'-jatte!!!...

    Les giboulées
    Sont envolées.
    Avril revient
    Choyons-le bien!...

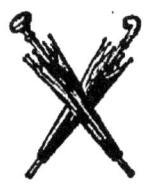

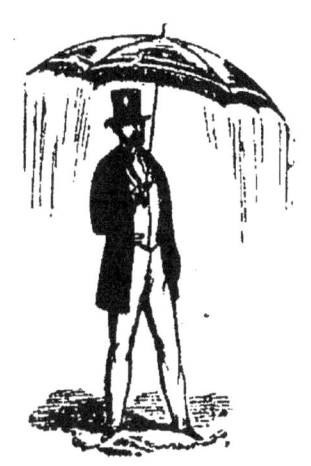

Hommage à M. Camille Doucet.

LA CARTE DE LA PAIX

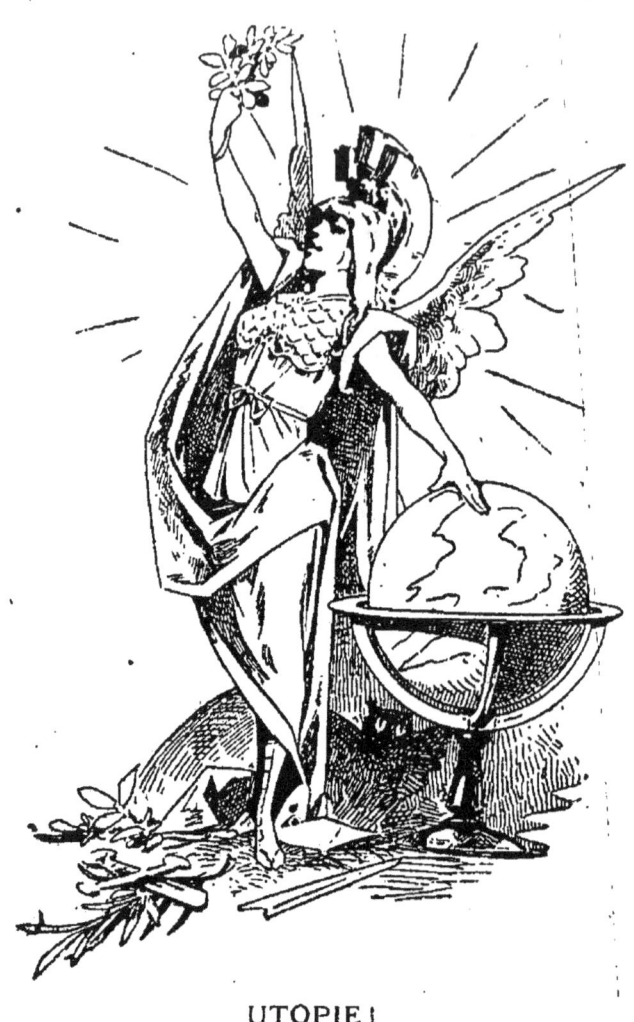

UTOPIE!

LA CARTE DE LA PAIX

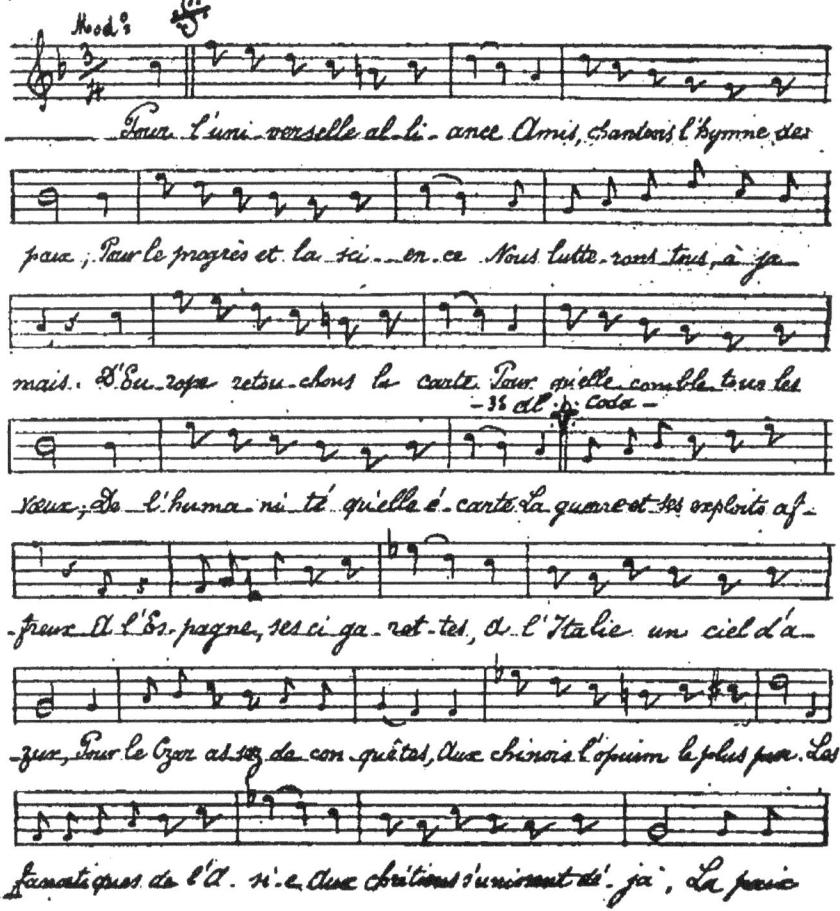

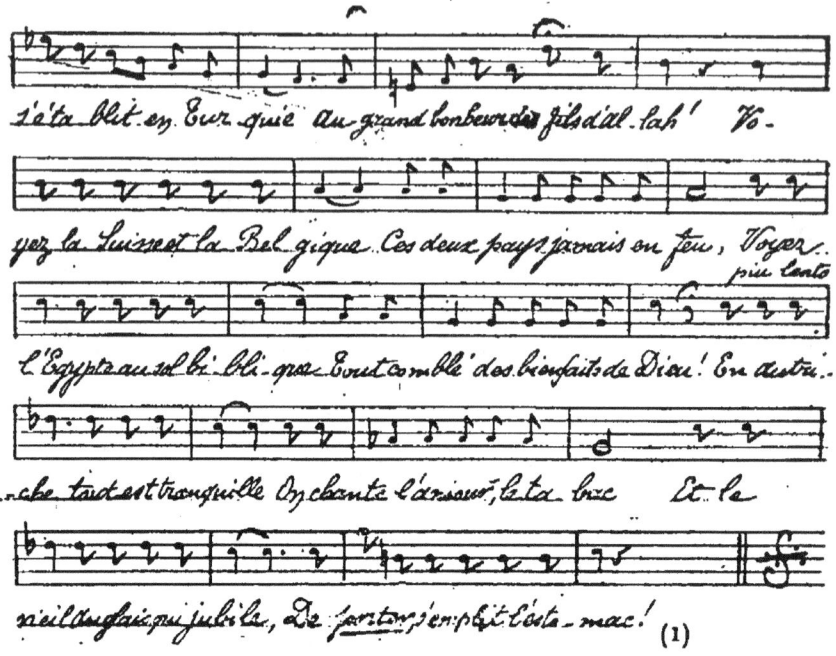

(1) Cet air est extrait de la pièce : *Les Femmes qui font des Scènes*, vaudeville-opérette en 3 actes de MM. Ch. MONCELET et Alph. LEMONNIER, musique de Charles HUBANS.

LA CARTE DE LA PAIX

RONDEAU-UTOPIE (1)

Pour l'universelle Alliance,
Amis, chantons l'hymne de paix,
Pour le Progrès et la Science
Nous lutterons tous à jamais!

D'Europe retouchons la carte
Pour qu'elle comble tous les vœux.
De l'Humanité qu'elle écarte
La guerre et ses exploits affreux !...

A l'Espagne ses cigarettes,
A l'Italie un ciel d'azur ;
Pour le Czar assez de conquêtes,
Aux Chinois l'opium le plus pur !...

Les fanatiques de l'Asie
Aux chrétiens s'unissent déjà.
La paix s'établit en Turquie
Au grand bonheur des fils d'Allah !

(1) Musique publiée avec l'autorisation de M. L. EVEILLARD éditeur, 2, boulevard de Strasbourg, Paris.

Voyez la Suisse et la Belgique,
Ces deux pays jamais en feu,
Voyez l'Egypte au sol biblique,
Tout comblé des bienfaits de Dieu.

En Autriche, tout est tranquille,
On chante l'amour, le tabac,
Et le vieil Anglais qui jubile,
De porter s'emplit l'estomac !

Dans la Suède et la Norwège,
Pays de glace, on est brûlant;
Du reste, c'est avec la neige
Qu'on se réchauffe au Groënland !...

A grands pas, le Japon lui-même
Du progrès suit le mouvement.
Sur la guerre on crie : Anathème !
D'Europe en Extrême-Orient.

Le Danemark vit pacifique
Sans troubler les mânes d'Hamlet;
Et dans le sud de l'Amérique,
On en vient au calme complet !

Le Brésil imite la France ;
Sa République a mille attraits !...
Les Portugais vont en cadence,
Et, comme on dit, sont toujours gais !...

L'Amérique, un pays modèle,
De tout l'Univers respecté,
Est, sur notre carte nouvelle,
Le phare de la Liberté!...

L'Allemagne, hautaine et terrible,
Remisera tous ses canons;
Ses alliés, c'est fort possible,
La prieront d'oublier leurs noms!...

Chère France, ô notre Patrie,
De la paix donne le signal;
De la Fraternité chérie.
Sois le resplendissant fanal!...

Luttons de talent, de génie,
Et notre triomphe innocent,
De cette sorte, à la Patrie,
Ne coûtera jamais de sang!...

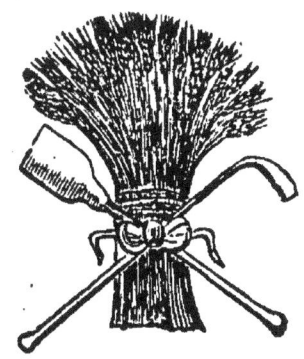

A Félicia Mallet.

GAVROCHE

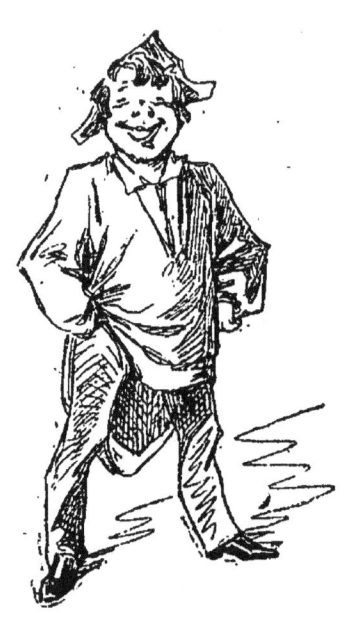

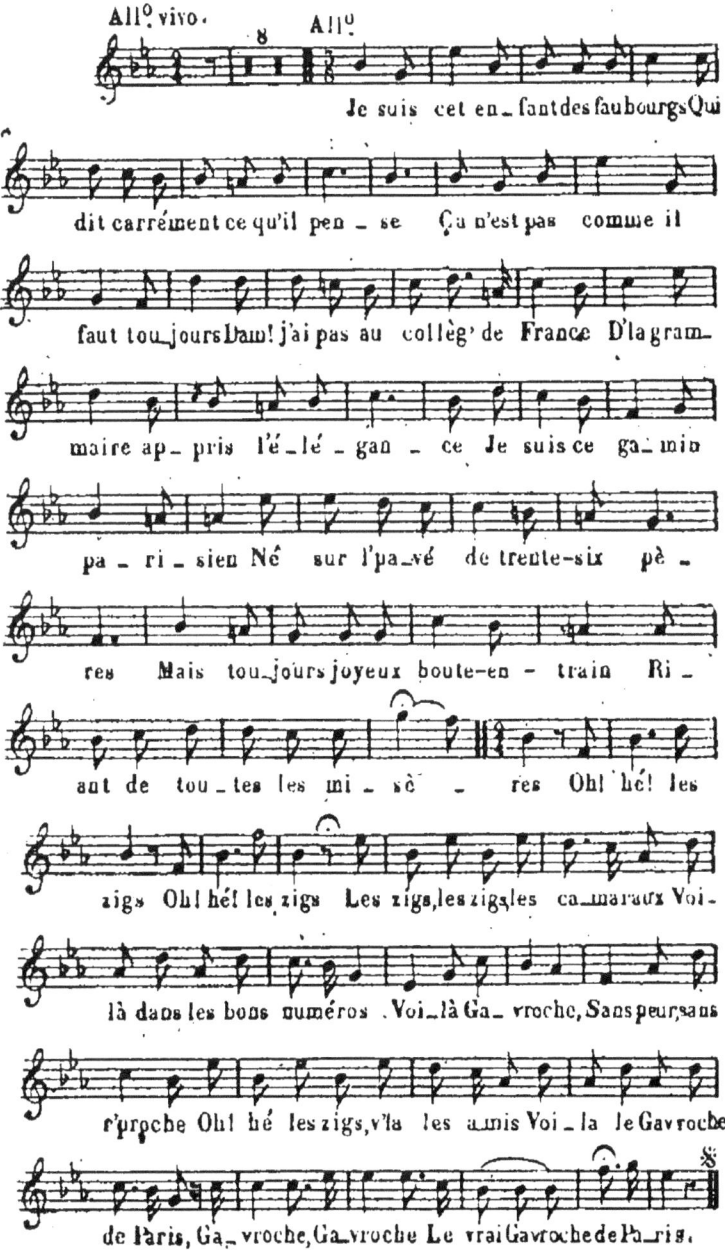

GAVROCHE

(1) Chanson chantée par Paulus. — (2) Musique de M. Michiels

REFRAIN

Ohé ! les zigs, les camaros !
Voilà dans les bons numéros,
   Voilà Gavroche,
    Sans peur, sans r'proche !
   Voilà, chers amis,
    Le gamin de Paris !...

Je suis cet enfant des faubourgs
Qui dit carrément ce qu'il pense.
Ce n'est pas comme il faut toujours,
Dam ! j'ai pas au Collèg' de France
D' la grammaire appris l'élégance !

(1) Dans la revne *Tant mieux pour elle* (en collaboration avec P. Burani).
(2) Publié avec l'autorisation de l'éditeur, E. Benoit, 13, faubourg Saint-Martin, Paris.

Je suis le typique gamin,
Né sur l' pavé, de trent'-six pères,
Mais toujours joyeux boute-en-train
Riant de toutes les misères!...

Ohé! les zigs, les camaros, etc.

J'ai mauvais' têt', mais j'ai bon cœur;
Pour un rien toujours prêt à m' battre,
Mais pour rendr' service au malheur,
Tenez, je me coup'rais en quatre
Et m' laiss'rais plumer sans m' débattre!
J' suis d' la rac' de ces va-nu-pieds
Qui, sous la grande République,
Sans armes, sans pain, sans souliers,
A tout' l'Europ' fa:saient la nique!...

Ohé! les zigs, les camaros, etc.

Je suis fils de Roger-Bontemps,
A tout propos je ris et chante :
Pour pousser des r'frains amusants
Ou bien la romance entraînante,
J'ai du galoubet, je m'en vante :

C'est moi qui l' premier lanc' ces r'frains,
Bêt's à vous mettre mal à l'aise ;
Comm' c'est moi qui chant' par les ch'mins,
A pleins poumons *La Marseillaise!*...

Ohé! les zigs, les camaros, etc.

Je suis c' qu'on appelle un gobeur
De théâtre, où j' vais chaqu' dimanche ;
Je m'enthousiasme avec bonheur
D'un comiqu' dans un' pièc' bien franche.
J' cri' : chaud, chaud! vas-y ma vieill' branche !
J' suis pas d' ceux qui mett'nt leur argent
Aux vins d' Cliquot, aux vins d'Espagne,
J'en gob' qu'un d' vraiment réjouissant,
L' vin *Dailly* (1), voilà mon Champagne!...

Ohé! les zigs, les camaros !
Voilà dans les bons numéros,

---

(1) DAILLY, un des meilleurs comiques du théâtre du Palais-Royal.

Voilà Gavroche,
Sans peur, sans r'proche
Voilà, chers amis,
Le gamin de Paris!...

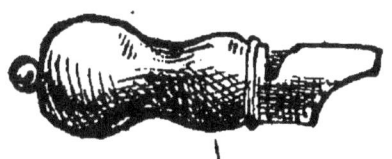

« A Berlin, les souteneurs sont arrêtés et condamnés sans
» pitié, s'ils ne justifient pas d'autres moyens d'existence que ceux
» de la prostitution. La France, qui ne veut pas être en retard
» sur son ennemie, va décréter, sous peu, une loi qui la débar-
» rassera de ces mêmes rufians. »

« *La Presse Parisienne.* »

A M. Aristide BRUANT,
Auteur de la *Grande Marche des Dos.*

LE DÉPART DES SOUTENEURS

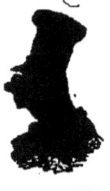

Air : *Bon voyage M. Dumollet*

Bon voyage,
Messieurs les sout'neurs
Allez nager vers un autre rivage.
Le ménage
N'est pas dans vos mœurs,
Allez friser la rouflaquette ailleurs !...

Il est grand temps que Madame Justice
Arrêt' ce flot... qui s'épand en tous lieux.
Un' loi, bien vite, et que dame Police
Exile loin ces immond's Des Grieux!...

   Bon voyage, etc.

Certains quartiers de notre Capitale
Ont la marée en toutes les saisons!
Sur les trottoirs, tout comme dans la hall:,
On marche sur... des écaill's de poissons.

   Bon voyage, etc.

Ces souteneurs, les vrais soutiens du crime,
Sont soutenus puisqu'ils narguent nos lois;
Bandits, la nuit, quand leur *marmite* trime,
Gare au bourgeois qui tombe entre leurs doigts!

   Bon voyage, etc.

Dans un navire avec cale à clair'-voie,
Enchaînez bien ces ch'valiers du ruisseau.
Ouvrez la cale, et que c' monde se noie
Dans l'Océan, dont il fit son berceau...

   Bon voyage, etc.

Remarquez bien que cette ignoble engeance
Opère aussi sous les lambris dorés.
Là, souteneurs, pleins d' chic et d'élégance,
Des nobles dam's sont souvent adorés.

   Bon voyage, etc

On mit au poste avec des voyous ivres
Un brav' comptable au flanc d'un souteneur.
Il dit : Pardon, je suis sous-t'neur... de livres,
On l' relâcha, mais quell' funeste erreur!

   Bon voyage, etc.

Mais, direz-vous, dans votre bonté d'âme,
Que deviendront les Nana d' chaqu' quartier?
— Rien de bon, car cette sorte de femme,
Ne f'sant qu'un quart... a besoin d'un... *Lantier*.

   Bon voyage, etc.

En attendant la bonn' loi qu'on annonce,
Armez chaqu' nuit les sergots, de filets;
De cett' façon, en pêchant Saint-Alphonse,
On l'empêch'ra d' fair' du tort aux... brochets!...

Bon voyage,
Messieurs les sout'neurs,
Allez nager vers un autre rivage,
Le ménage
N'est pas dans vos mœurs,
Allez friser la rouflaquette ailleurs!...

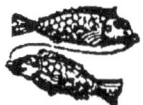

A l'ami Charles Chincholle.

LE
MÉTIER DE REPORTER

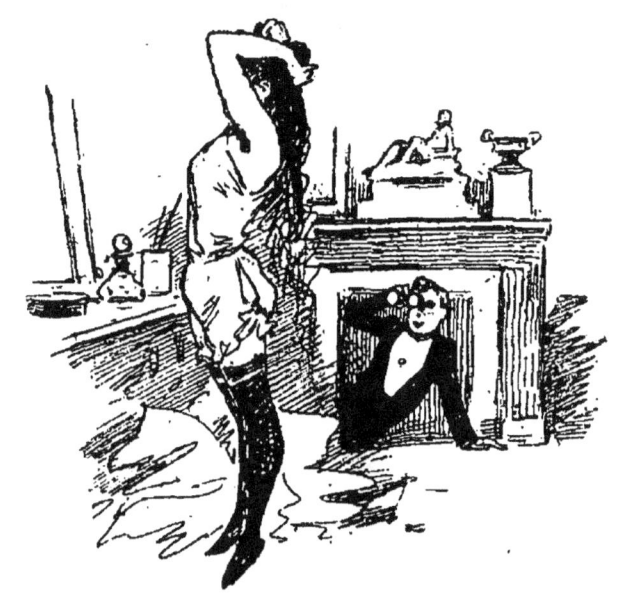

LE MÉTIER DE REPORTER [1]

Air du *Pont des Soupirs*. L'Amiral Cornarini (J. Offenbach)

Le reporter s' donne un mal
Que j' qualifierai d' cheval.
Il trotte, trotte, trotte, trotte.
Afin d' tout savoir, ah ! dam,
L' reporter dans l' macadam
Barbotte, botte, botte, botte !

C'est un vrai métier de chien,
A trois sous la lign', c'est pour rien.
C'est un vrai métier de chien,
Vaut mieux être tragédien !...

Par lui faut que tout soit su :
Scandal', procès, duel ou su-
— icide, cide, cide, cide,
Jusqu'à l'homicide avec
De monsieur Vicat l'insec-
— ticide, cide, cide, cide.

C'est un vrai métier de chien,
A trois sous la ligne, c'est pour rien, etc.

[1] Deux de ces couplets ont été chantés dans *Encore une dans l' sac*, revue en collaboration avec M. Milher.

.Comme un agent d' la Sûr'té,
  L' reporter bien remonté,
Vous file, file, file, file.
  Dans la ch'minée où l' tuyau
  D'un poêle on l' voit qui s' fau-
Faufile, file, file, file!

  C'est un vrai métier de chien,
  A trois sous la lign', c'est pour rien, etc.

  Après un assassinat,
  Pour l'autopsie il est à
La Morgue, morgue, morgue, morgue ;
  Pour *interwiever* y s' f'rait
  Croquemort ou bien jouerait...
De l'orgue, l'orgue, l'orgue !

  C'est un vrai métier de chien,
  A trois sous la lign', c'est pour rien, etc.

  Pour être un r'porter bien vu,
  Faut l'adress' du singe et du
Fumiste, miste, miste, miste,
  Et pour surprendre les s'crets,
  Il faut suivre de très près
Un' piste, piste, piste, piste.

  C'est un vrai métier de chien,
  A trois sous la lign', c'est pour rien, etc.

Si l'on a du chic, du ton,
On s'en tir', mais souvent on
Vous raille, raille, raille, raille.
Et dans certains cas on a
Besoin d' se battre avec la
Canaille, naille, naille, naille, naille !

C'est un vrai métier de chien,
A trois sous la lign', c'est pour rien, etc.

Après s'être mouillé, fourbu,
Esquinté, l'on pince un rhu-
— matisme, tisme, tisme, tisme,
Et l'hôpital, sans retour,
Vous force à r'noncer au jour-
— nalisme, lisme, lisme, lisme !

C'est un vrai métier de chien,
A trois sous la lign', c'est pour rien.
C'est un vrai métier de chien,
Vaut mieux être tragédien !...

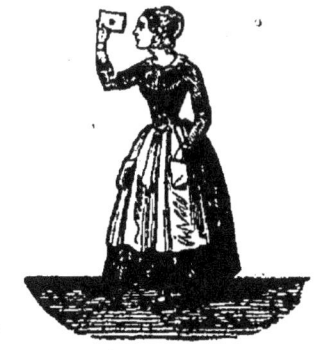

A M. Charles Lesenne, député.

PLUS DE CENSURE !

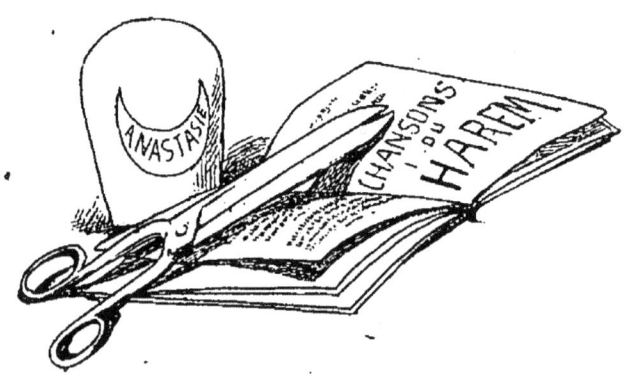

PLUS DE CENSURE!

AIR : *Au clair de la Lune*

A bas la Censure,
Mon ami Pierrot!
Elle nous pressure,
Nous met le garrot.
De notre pensée
Tu fauches l'essor.
Censure rusée,
On vote ta mort!

A bas la Censure !
A bas ses travaux !
La littérature
En a plein le dos!
Ces Parques maudites
Font trop d'Abélards,
Et d'hermaphrodites
Parmi les Beaux-Arts!...

Vous nous faites rire,
Austères censeurs,
A nous circoncire
Nos meilleurs auteurs!
Allez en Turquie;
Là, coupeurs fameux,
Pour votre industrie
Vous serez bien mieux !...

Prendre la censure
N'est pas mon bonheur.
J'aime mieux, je jure,
Prendre l'ascen...seur!
Deibler, tu jubiles,
Toi seul resteras,
Des censeurs utiles
Pour les scélérats!...

Que la République,
Pour la Liberté,
Ferme la boutique
D'un règne gâté.
La Censure est morte !
Riez, libéraux,
Le Diable l'emporte,
Elle et ses ciseaux !...

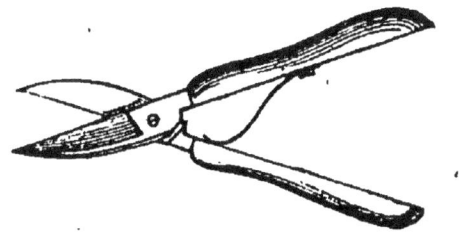

A Henri Sellier, de l'Opéra.

LES

MARCHANDS DE VIN DE BERCY

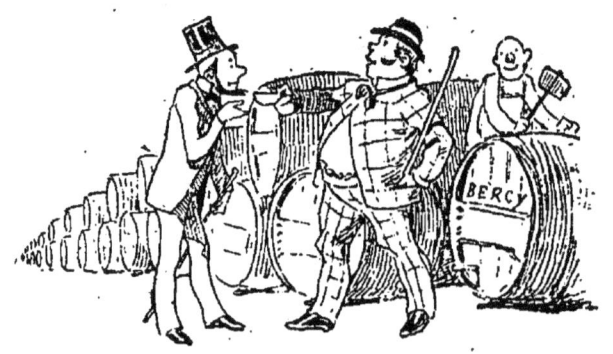

LES MARCHANDS DE VIN DE BERCY [1]

Chansonnette chantée à l'Eldorado par MARÉCHAL
Musique de M. THONY

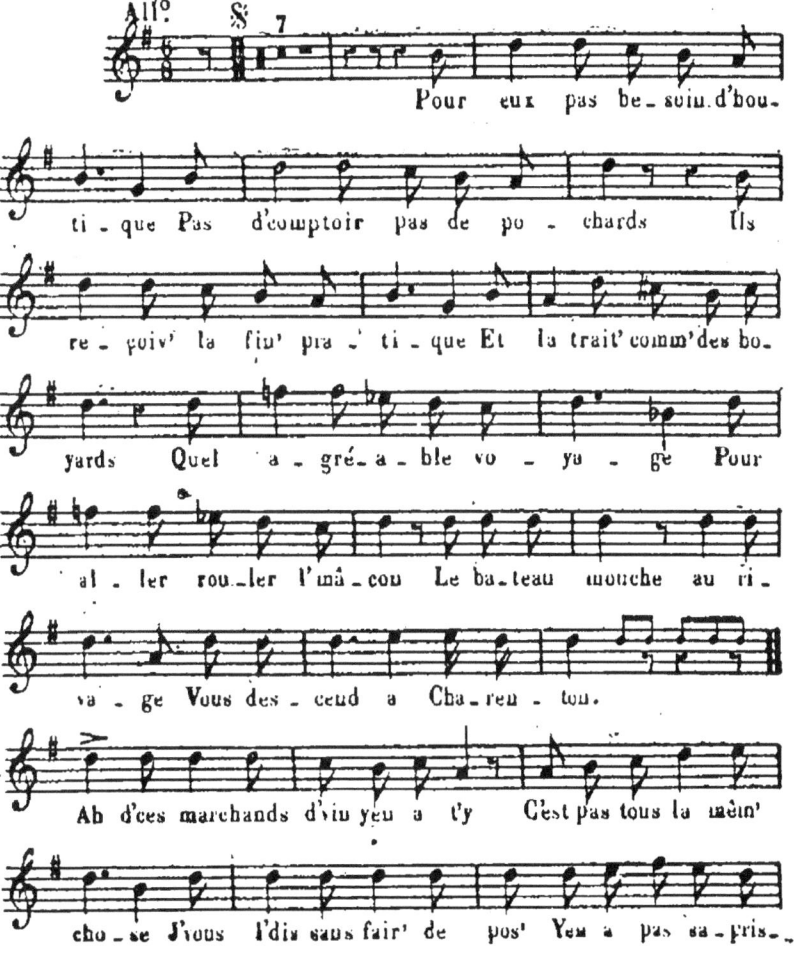

(1) Publiée avec l'autorisation de M. Emile BENOIST, éditeur, 13, faubourg Saint-Martin, Paris.

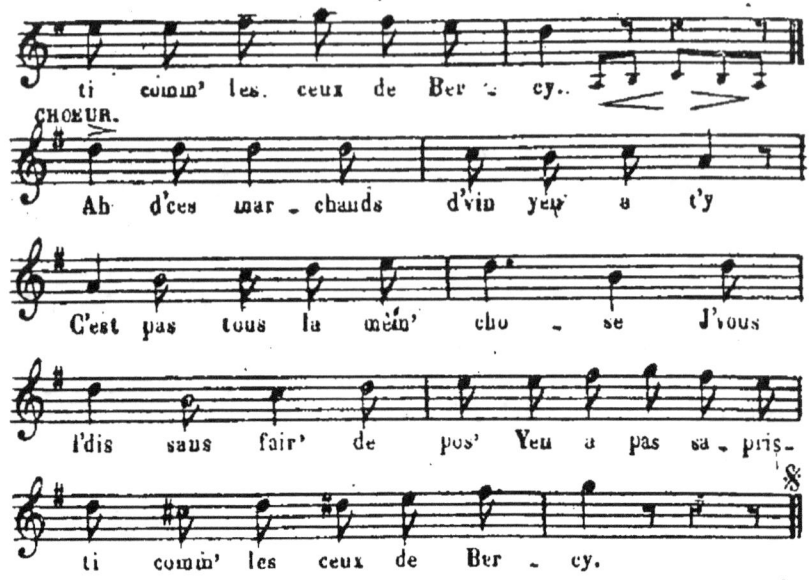

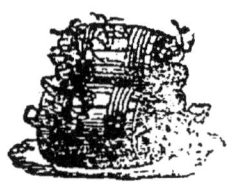

Que d'incidents en voyage !
Du Jardin des Plant's on part,
Après avoir vu la cage
Du lion, du léopard !

— Quand vous voudrez ? dit l' pilote,
Montez tous sur le bateau ;
Pour arroser un' mat'lotte,
On vous mène à l'Entrepôt !...

Ah ! d' ces marchands d' vin y en a-t'y ! etc.

L'archéologue en goguette
S'embarqu' sans le moindre trac,
Et de Clovis, plein la tête,
Passe sous l' pont de Tolbiac ;
Sur la Mouche, une ouvrière,
Qui fait l' lundi, sans façon,
Lui demand' sans autr' manière
Un' friture à Charenton !

Ah ! d' ces marchands d' vin y en a-t'y ! etc.

Bercy raffol' des régates,
On y joute verre en main ;
On y voit, au lieu d' pirates,
Des tonneaux pleins de bon vin.
On cite toujours Asnière
Dont l'égout fait *débecqu'ter* ;
A Bercy, la France entière,
Pourrait se désaltérer !...

Ah ! d' ces marchands d' vin y en a-t'y !
C'est pas tous la mêm' chose,
J' vous l' dis sans fair' de pose,
Y en a pas, sapristi ! comm' les ceux de Bercy !
Ah ! d' ces marchands d' vin y en a-t'y !
C'est pas tous la mêm' chose,
J' vous l' dis sans fair' de pos',
Y en a pas sapristi comm' les ceux de Bercy !...

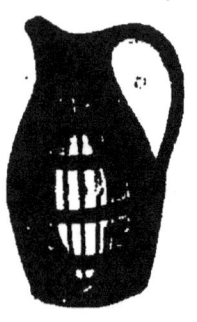

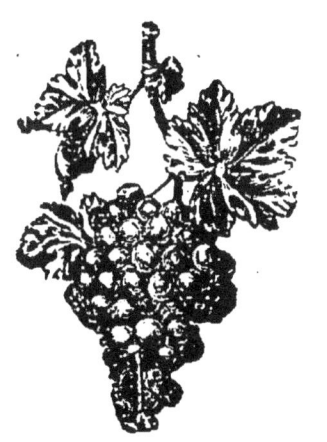

A M. Gustave Deloye, statuaire.

LA STATUOMANIE

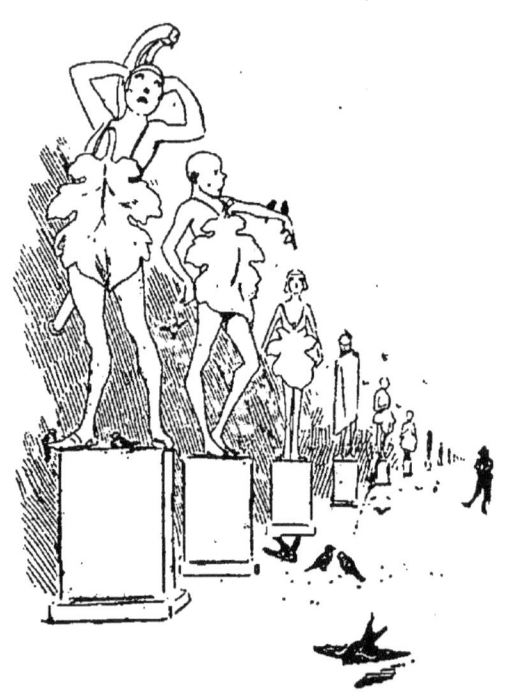

LA STATUOMANIE (1)

AIR de *La Valse des Comédiens*.

On n'entend plus parler que de statues ;
C'est la toquade et la rage du jour.
Grands citoyens nous viennent par cohues ;
On ne peut plus mêm' leur donner un tour.

Tous les matins on découvre un grand homme
Vite, on le coule en statue, et, presto,
On ne sait pas comment même il se nomme
Qu'un autre illustre a pris un numéro.

(1) Chanté par Dailly dans la Revue *Tant mieux pour Elle*, en collaboration avec P. BURANI.

Ah ! nous vivons dans un siècle admirable
Où le dernier des marchands de clysos,
Pour un brevet de piston... inusable
Se fait tailler un marbre de Paros !

Certe, il est bien qu'un citoyen illustre
Ait à nos yeux l'éclat monumental;
Mais un pékin, un sac d'écus, un rustre
Ne peut avoir le droit au piédestal !

Je classerais les gens suivant leurs tailles :
Au vrai génie il faut l'or rayonnant;
Pour les héros le bronze des batailles ;
Aux fiers esprits le marbre étincelant !

On sculpterait les héros dans la pierre,
En plâtre dur les docteurs en renom,
En carton-pâte on n'hésiterait guère
A fabriquer les gloires de carton !

Nous n'avons pas, en ces jours qu'on renomme,
A célébrer tant de grands et de preux,
Qu'en sa statue on ressuscite un homme,
S'il fut utile il charmera les yeux.

Deux ans passés, on fêtait l'Angleterre
En Shakespeare, au boulevard Haussmann.
Cette statue, au renom littéraire,
Peut rendre fier, chez nous, maint gentleman

Le buste aussi nous flatte et nous encense.
A tous salons, tous les ans, il en pleut !
C'est effrayant ce qu'on se sculpte en France.
Qui veut son buste ? ah ! parlez, qui le veut ?

Pardon, monsieur, demandera l'artiste :
Pour vous payer, d'un beau buste, l'honneur,
Etes-vous prince ou célèbre anarchiste ?
Hélas ! monsieur, je ne suis qu'empailleur ! ! !

Et vous, madame, à l'air inconsolable,
Que voulez-vous ? Je veux le buste en or
De mon amant, un amant adorable,
Que, grâce à vous, je croirai voir encor !

Réfléchissant, cette amante idolâtre,
Huit jours après, dit que son adoré
Tout aussi bien qu'en or serait... en plâtre
Et pour cinq louis le défunt fut livré ! ! !

Si cela dure, on n'aura plus de place
Pour exhiber les œuvres des sculpteurs,
Et tous les ans il faudra qu'on refasse
Un Champ-de-Mars pour montrer leurs labeurs.

On dit déjà, — l'idée est césarienne ! —
Que pour placer vingt statnes, en projet,
Dix seront sur colonne vespasienne.
Les autres dans... de beaux water-closets !

Modérons-nous, Français, pour nos statues,
Mettons un frein aux toquades du jour,
Ou bien alors, fourrons-en plein les rues
Pour qu'au... besoin... on en fasse... le tour !..

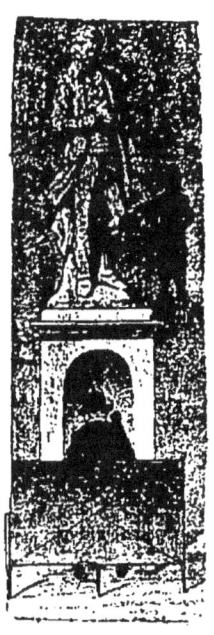

A Charles Girard, Directeur du Laboratoire Municipal.

LES BORGIAS DE PARIS

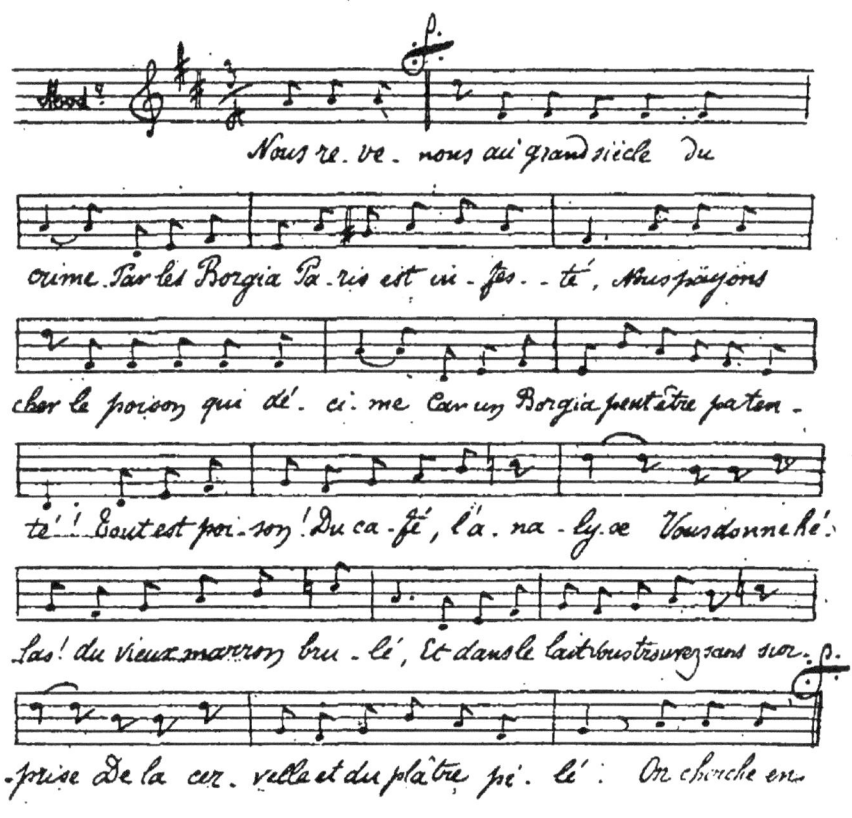

LES BORGIAS DE PARIS [1]

Rondeau chanté par M. DAILLY

AIR : *Ne raillez pas la garde citoyenne* (Clé du Caveau).

Nous revenons au grand siècle du crime,
Par les *Borgias* Paris est infesté,
Nous payons cher le poison qui décime,
Car un Borgia peut être patenté !

Tout est poison ! — du café l'analyse
Vous donne, hélas ! du vieux marron brûlé !
Et, dans le lait, vous trouvez, sans surprise,
De la cervelle et du plâtre pilé.

[1] Ce rondeau a été chanté dans la Revue *Tant mieux pour elle* (en collaboration avec M. P. Burani).

On cherche en vain du houblon dans la bière,
Ça n'est plus rien qu'un jus fait de vieux os ;
De caramel une liqueur amère,
Un vrai breuvage à vous mettre aux tombeaux !

Le chocolat, c'est tout mastic et brique,
Le thé du lierre et des queues de poireaux,
Le sucre, ah ! oui ! la science chimique
A de l'aplomb pour le vendre en morceaux !

Le beurre fin ? margarine ou bien graisse !
La confiture ? ah ! n'en parlons donc pas !
De vitriol, le vin est une espèce,
Et dans un litre il cache cent trépas !

Le vieux bordeaux ? j'en connais la mixture
De la fuschine et du campêche plein,
Le moins perfide est baptisé d'eau pure !
Jamais Noé n'eût avalé ce vin !

On fait du pain sans blé, c'est effroyable !
C'est le client qu'on met dans le pétrin ;
Avec du pain on tuera son semblable,
Le boulanger ôte le goût du pain !!!

Ça, c'est trop fort, car le pain c'est la vie,
Du meurt-de-faim l'existence est en jeu ;
Il ne faut pas que l'homme falsifie
Ces épis d'or qui lui viennent de Dieu !

Le poivre est fait de châtaigne et poussière ;
Si le sel sale, ah ! c'est bien par hasard !
L'huile à manger est faire sans mystère
Des pieds bouillis des chevaux... de Maquard !...

Pour l'amidon on vend le blanc d'Espagne !
Jusqu'aux pruneaux qu'on recouvre en vieux draps !
Ces épiciers, flanquez-les donc au bagne,
Car leurs poisons valent la mort-aux-rats !

Si vous aimez, en boîtes, les sardines,
Je vous apprends que ces petits poissons
On les fabrique avec des gélatines
A Brest, à Nante? Eh non! dans les prisons!...

Nous revenons au grand siècle du crime,
D'affreux *Borgias* Paris est infesté,
Nous absorbons le poison qui décime,
Car un Borgia peut être patenté!...

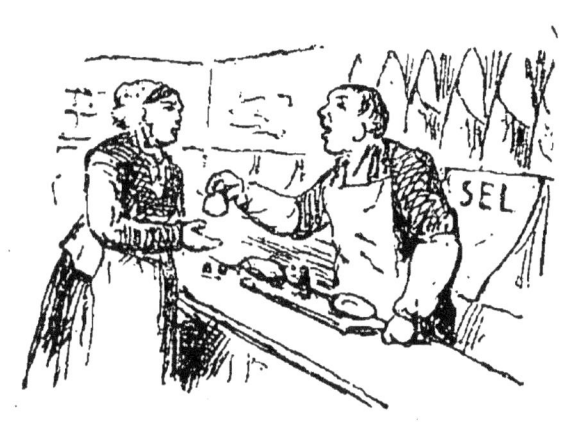

A mon ami Paul Avenel. (1)

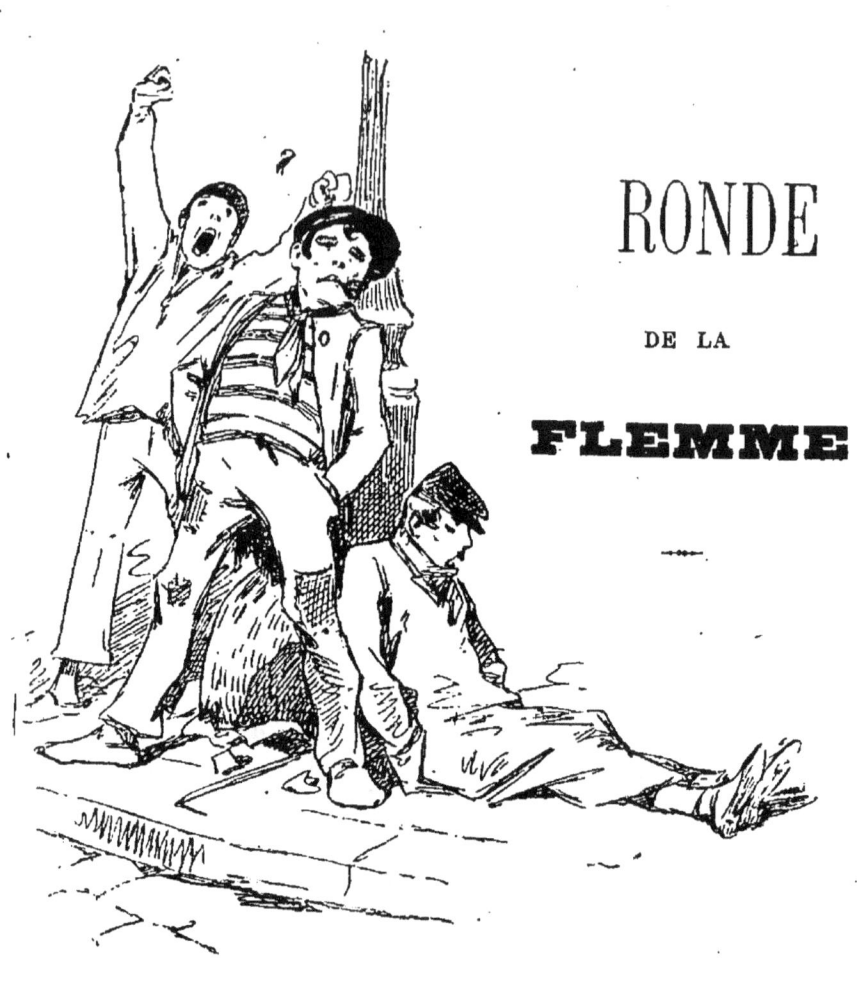

RONDE
DE LA
FLEMME

(1) Mon collaborateur pour les *Martyrs de l'Été*.

RONDE DE LA FLEMME

AIR : *La femme, il n'y a qu'ça (La Périchole, 2ᵉ acte)* J. OFFENBACH (1)

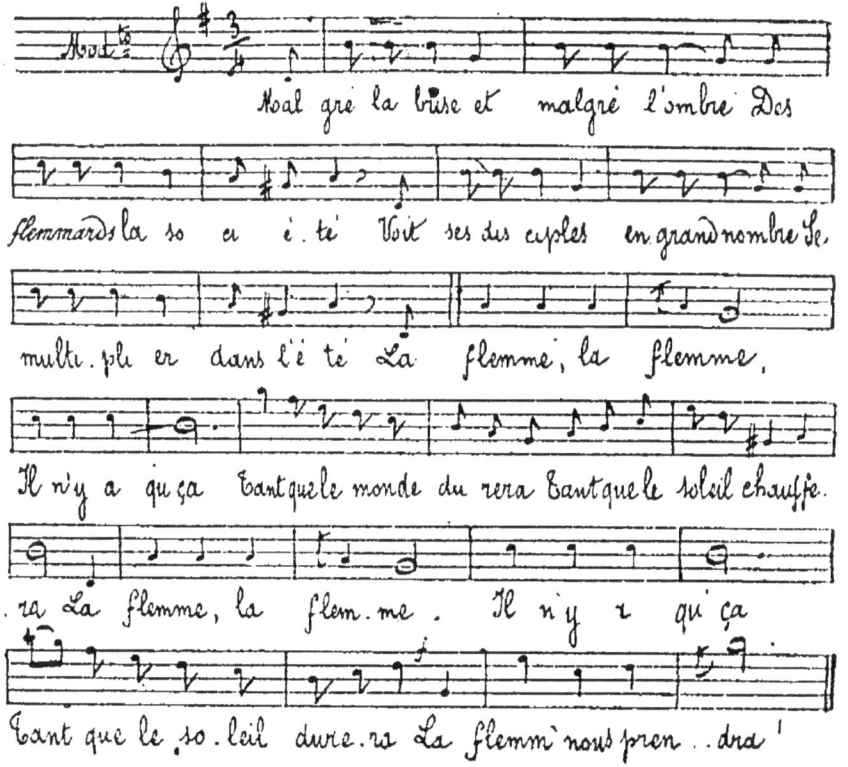

(1) Publiée avec l'autorisation des éditeurs P.-L. MAQUET ET Cie, successeurs de BRANDUS, 103, rue Richelieu. Paris.

Oui, tous les jours, en ce bas monde,
Les *flemmards* se coudoient, soudain;
N'avons-nous pas, tous, à la ronde,
Un bon petit poil dans la main?...

  La flemme, etc.

Des vrais flemmards c'est la paresse
Qui charme la vie ici-bas;
Pourtant l'adorable déesse
Les tracasse dans plus d'un cas!...

  La flemme, etc.

Lorsque notre cœur nous dit : Aime!
Par paresse on reste en chemin;
Et toujours on devient bohême
Quand la flemme nous tend la main!...

  La flemme, etc.

Voyez près de sa jeune femme,
L'époux qui fait le tendre amant;
Malgré les ardeurs de sa flamme,
Son cœur est un peu fainéant!...

  La flemme, etc.

J'aime à voir, quand je me *promène*,
Les passants, sur le *boulevard*,
Bâillant bêtement aux *corneilles*,
Cela me fait toujours *plaisir!*...

Parlé. — Tiens, mais il ne rime pas du tout ce couplet-là ! (*Bâillant et s'étirant les bras*) : Qu'est-ce que vous voulez, c'est tout naturel, il fait si chaud que la rime, elle aussi, peut bien avoir....

<blockquote>
La flemme, (<i>bis</i>)
Il n'y a qu' ça.
Tant que la terre tournera,
Tant que le soleil chauffera,
La flemme, (<i>bis</i>)
Il n'y a qu' ça,
Tant que le soleil chauffera,
La flemme nous prendra !...
</blockquote>

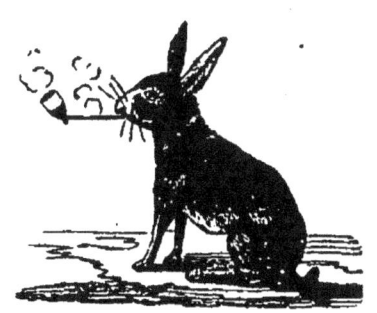

LE TÉLÉPHONE

A M. Kam-Hill de l'Eldorado.

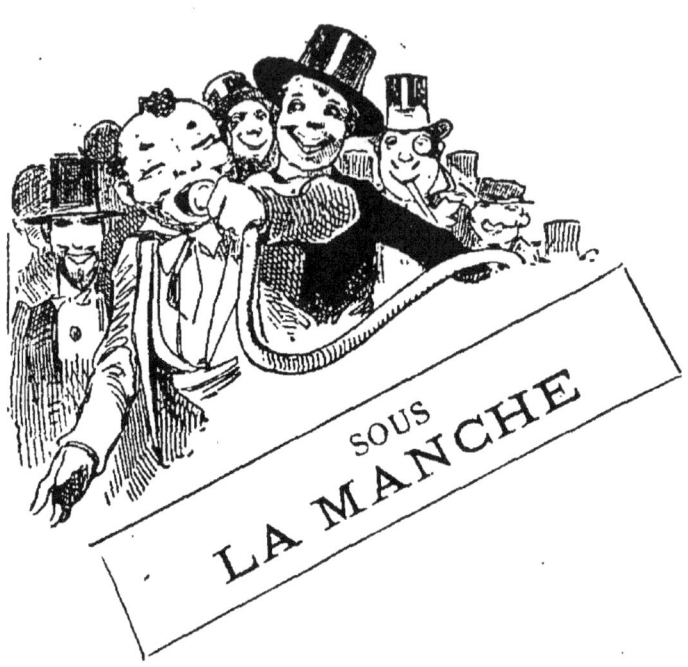

Air : *Au caf, au caf, au café-concert*
(du Vaudeville : *Le Café de la Rue de la Lune*)

Mes chers amis, la perfide Albion, } *bis.*
Si ça doit durer, vous damera le pion !
    La vieille Angleterre
    Prend toute la terre ;

C'est inquiétant
Comme elle s'étend.
Gare à nous, Français, si nous nous laissons faire, faire,
Elle a vraiment l'air
D' nous mettr' dans son *ulster*;
Envoyons là donc se fair' lanlaire, laire, laire.
Serons-nous jamais
Réellement Français ?...

Le *cab*, le *bar* font florès ici,   ⎱ *bis.*
Car l'*anglomanie* y règne sans merci ! ⎰
Nation française,
Tu vis à l'anglaise ;
Old England nous a-
Mena *Bodega* !
L'air froid et brumeux de la Tamise, mise, mise,
Jette sur Paris
Son *spleen* et son ciel gris ;
Notre France, hélas ! s'anglomanise, nise, nise ;
Serons-nous jamais
Réellement Français ?...

L'anglais pur-sang, ici, règnera,   ⎱ *bis.*
Malgré Charles sept et son grand opéra ! ⎰
Place au *steeple-chase*,
Au *rosbeef*, au *cheese*,
On a leurs *tickets*,
Leurs *water-closets*.

On dort en *sleeping*, pour le voyage, yage, yage,
On goûte à leur *lunch*
Et l'on boit leur *punch*;
On mange au *grill-room* leur épicé potage, tage;
Serons-nous jamais
Réellement Français ?...

John Bull a mis le grappin sur nous. } bis.
Mylords, chez nous, vous êtes bien chez vous ! }
La pauvre *Irlandaise*
Chez nous vit à l'aise ;
Votre *bock-maker*
Y boit le *porter*.
English spoken here, est sur chaque boutique, tique;
L'armé' du *Salut*
Nuit à cell' du chahut !
Bref, Paris est trop, beaucoup trop britannique, nique
Serons-nous jamais
Réellement Français ?...

Victoria vient à chaque printemps. } bis.
Dans notre Midi réchauffer ses vieux ans ! }
C'est à Canne ou Grasse,
Qu'elle se prélasse ;
L' princ' de Galle' itout
De la France est fou !

Mais à *Terre-Neuve*, en semaine et dimanche, manche,
Les pêcheurs anglais
Nous chipent nos filets.
Enfin l'on nous r'fuse un tunnel sous la Manche, manche;
Serons-nous jamais
Réellement Français ?...

Pour parler au peuple londonien, } bis.
On avait le câble, et ça suffisait bien !
Maint'nant, autre chose :
Pour que mieux on cause,
D' Paris à London,
On tend un cordon;
Paris parle à Londre avec un téléphone, phone,
Mais, John Bull, tout rond
A Paris répond :
Pour ses intérêts, John Bull jamais aphone, phone ;
Nous, toujours Anglais,
Vous, jamais bien Français !...

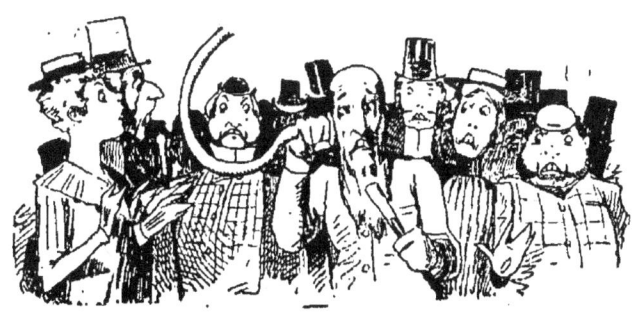

A Saint Fiacre

LES ROIS DU PAVÉ

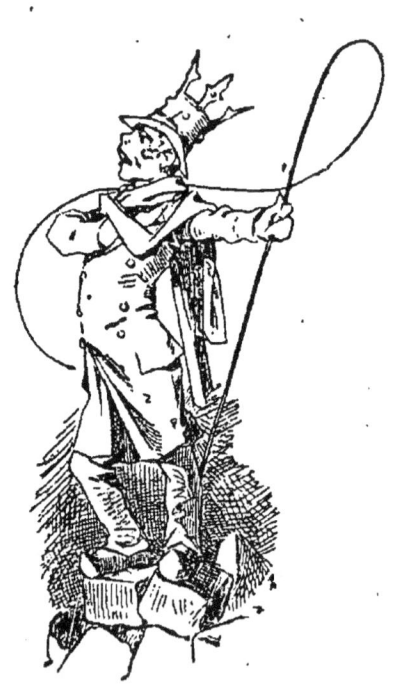

15.

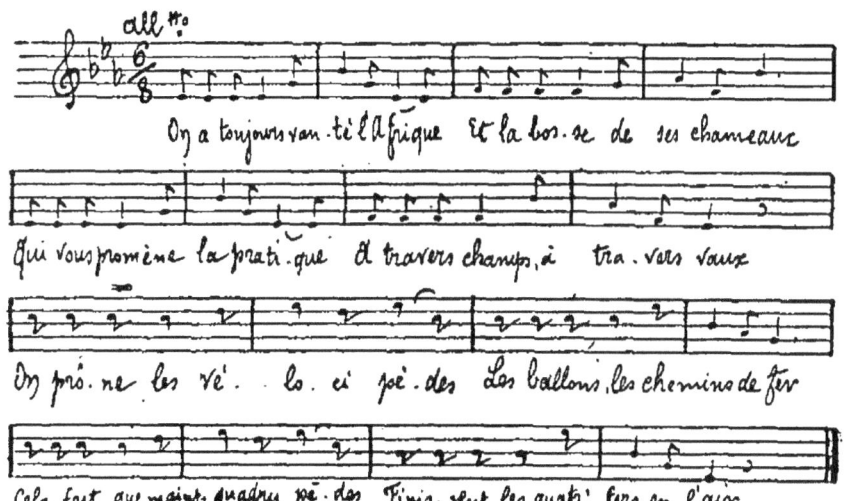

LES ROIS DU PAVÉ (1)

Air de *Saltarello* (Clé du Caveau)

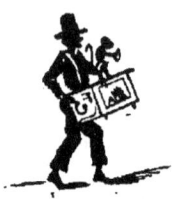

On a toujours vanté l'Afrique
Et la bosse de ses chameaux,
Qui vous promènent la pratique
A travers champs, par monts, par vaux ;

On prône les vélocipèdes,
Les ballons, les chemins de fer ;
Cela fait que maints quadrupèdes
Finissent quatre fers en l'air !

(1) Chanté dans la revue : *Encore un dans le sac!* en collaboration avec M. Milher.

Moi, quand je suis sur mon siège,
Je me crois le roi du pavé,
Que j'aille à vide ou qu'on m'assiège,
Car j'occupe un poste élevé.

Heureux au grand air de la rue,
J'éclabousse en menant mon char
Maints gredins à face repue
Et maintes déesses du fard !

Quand un accident nous arrive,
C'est la faute d'un verre en trop ;
La vue est trouble et la voix vive,
On veut s'élancer au galop.

Le soir, je mène un' Léonore
Avec un vieux tout plein de feux,
Qui me dit en baissant le store :
Au pas, cocher, vas où tu veux !

Compris ! sans souffler mot je roule
Au bois comme un pauvre martyr,
Dans les chemins que fuit la foule,
Mais où l'amour prend son plaisir !

Pour ces trajets je suis commode,
Si j'entends un seul bruit, eh ! bien,
Je sifflote un air à la mode,
Je ne vois rien, je n'entends rien !

Je suis galant pour la cocotté,
Avenant pour le provincial ;
L'un et l'autre sont ma marotte,
Ça donne un pourboir' seigneurial.

Mais vous, bourgeois à mince bourse,
Tombez aux pieds de mon cheval !
Vous rouler à l'heure, à la course,
C'est bien un supplice infernal.

Nous sommes maîtres de vos jambes,
Nos esclaves sont nos clients ;
Tant mieux *les ceux* qui sont ingambes,
Ils peuv'nt narguer nos alezans !

Bref sur notre machine ronde,
Le cocher règne sans détour ;
En roulant son fiacre en ce monde,
Il nous roule tous chaque jour !...

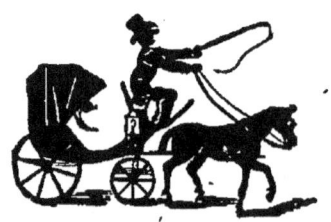

RIMES VARIÉES ET AVARIÉES

POUR

CANTATES

A nos Gouvernants.

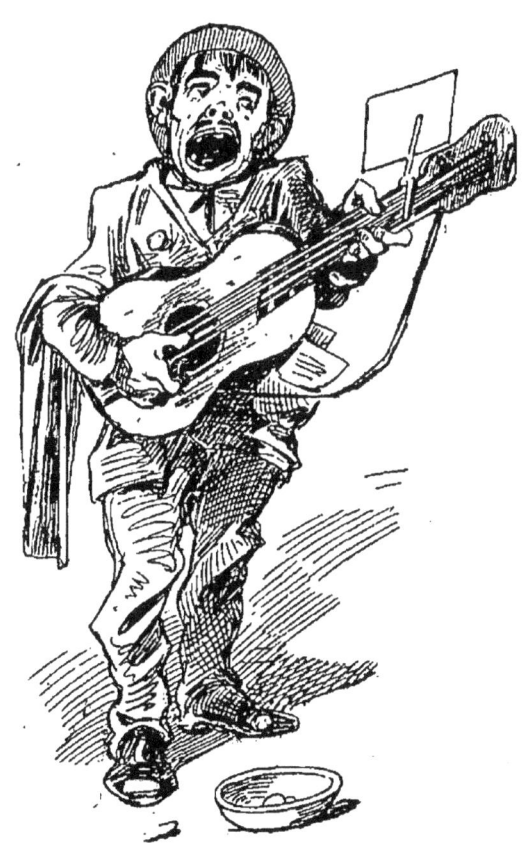

RIMES VARIÉES ET AVARIÉES POUR CANTATES

AIR : *Ne raillez pas la garde citoyenne* (Clé du Caveau)

Tra la la la la la la la traîtrise.
Tra la la la la la la la Judas.
Tra la la la la la la la sottise,
Tra la la la la la la la fracas!
Tra la la la la la la la guerre,
Tra la la la la la la la paix,
Tra la la la la la la la chimère,
Tra la la la la la la la balais.

Tra la la la la la la la beaux rêves,
Tra la la la la la la la pognon,
Tra la la la la la la la des grèves,
Tra la la la la la la la guignon,
Tra la la la la la la la laïque,
Tra la la la la la la la bon Dieu,
Tra la la la la la la la clique,
Tra la la la la la la la hébreu.

Tra la la la la la la la Socrate,
Tra la la la la la la la poison.
Tra la la la la la la la picrate,
Tra la la la la la la la prison,
Tra la la la la la la l'opportuniste,
Tra la la la la la les radicaux,
Tra la la la la la le monarchiste,
Tra la la la la la des haricots.

Tra la la la la la vieux diplomate.
Tra la la la la la vieux rond de cuir.
Tra la la la la la vieille tomate.
Tra la la la la la faut nous enfuir.

Tra la la la la la pauvre Boulange.
Tra la la la la la Constans, Floquet.
Tra la la la la la remords étrange.
Tra la la la la la quel paltoquet !

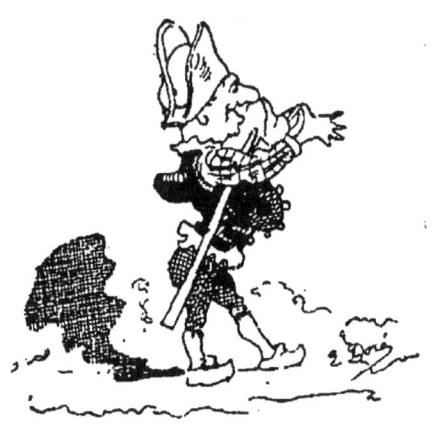

En cas d'eau,
A mon ami QUESNEL, du Caveau.

... CHAND DE PARAPLUIES!...

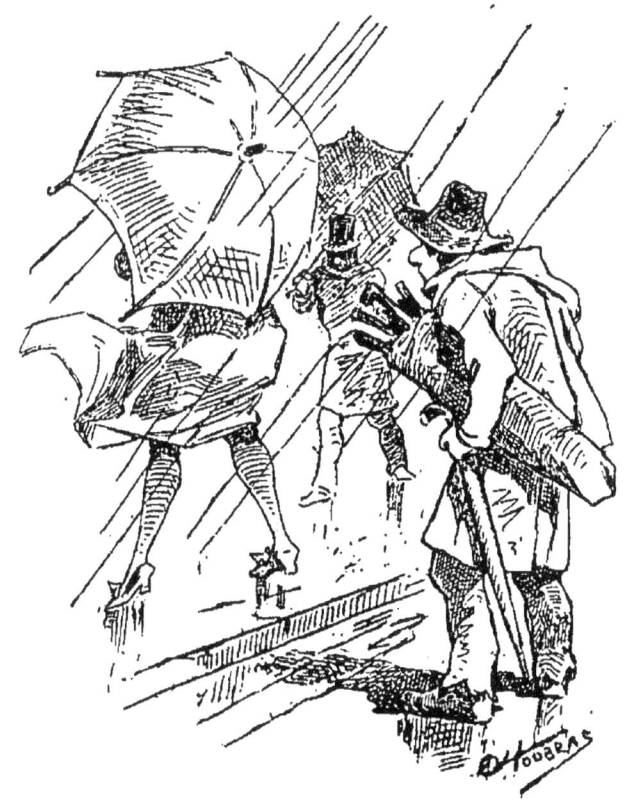

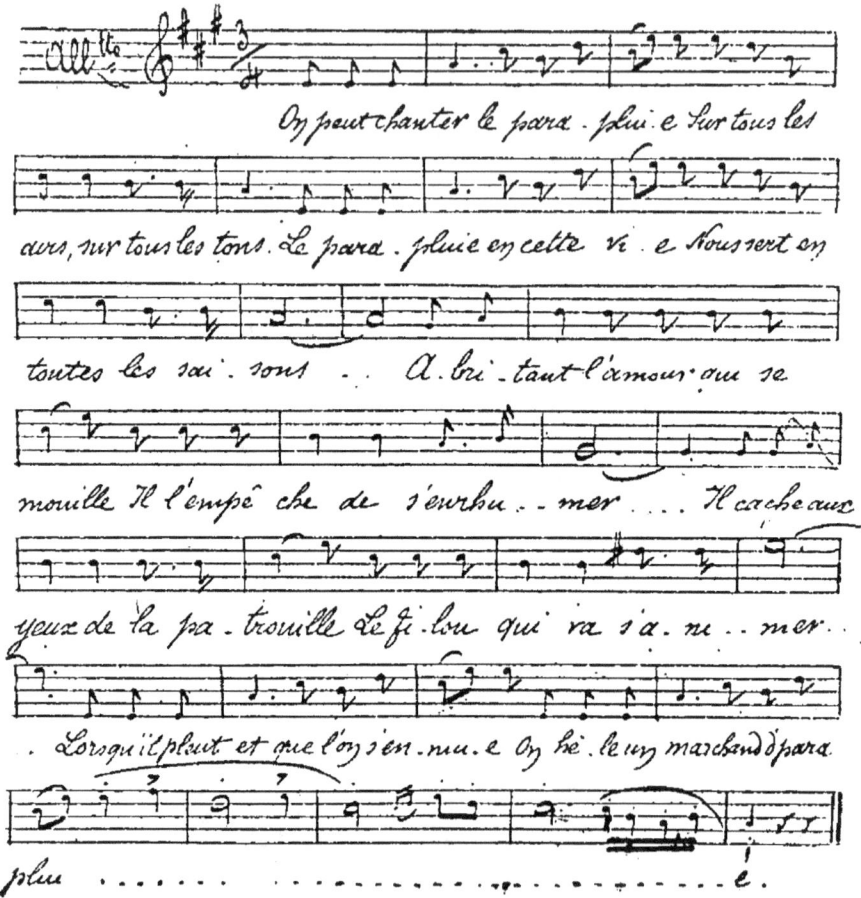

.....CHAND DE PARAPLUIES !!!

—

(1) Air d'*Orphée aux Enfers* (3ᵉ acte) : *Quand j'étais roi de Béotie*

On peut chanter le parapluie
Sur tous les airs, sur tous les tons.
Le parapluie en cette vie
Nous sert dans toutes les saisons :
Abritant l'amour qui se mouille,
Il l'empêche de s'enrhumer ;
Il cache aux yeux de la patrouille
Le filou qui va s'animer...

(1) Publié avec l'autorisation de MM. Heugel et Cⁱᵉ, éditeurs-propriétaires, 2 *bis*, rue Vivienne, Paris.

REFRAIN

Lorsqu'il pleut et que l'on s'ennuie,
On appelle un chand d' parapluie i i i i i ie !...

Le parapluie est homicide ;
C'est presque une arme après minuit ;
L'épouse qui suit un perfide,
Sur lui le brise et puis s'enfuit.
Quand le vent le change en tulipe,
Qu'un parapluie est indiscret !
Sous une jupe qui se fripe
Il laisse voir, haut, le mollet !...

Lorsqu'il pleut et que l'on s'ennuie, etc.

Il pleut en France tant de choses,
Qu'un parapluie a mille attraits ;
Et l'on comprend pour quelles causes
L'Anglais ne s'en défait jamais,
Doux députés, quand pleut l'injure,
C'est à la Chambre qu'il faudrait
Un *pépin* d'immense envergure
Et c'est *Floquet* qui l'ouvrirait !

Lorsqu'il pleut et que l'on s'ennuie, etc.

Le parapluie est fantaisiste,
Il abrite bien des métiers;
Sous ses baleines, maint dentiste
Au boniment fait des dentiers.
Affectant des couleurs étranges,
Devant les théâtres, le soir,
Sur l'éventaire des oranges
Sa toile empêche de pleuvoir!

Lorsqu'il pleut et que l'on s'ennuie, etc.

Par les étés que Dieu nous donne,
Le vrai Bidard, c'est le marchand
De vieux riflards, car on s'abonne
A sa marchandise, en marchant!
Dès son réveil, il se tortille
Lorsqu'il voit un ciel nuageux,
Sur le trottoir comme il frétille
En riant des larmes des cieux!...

Lorsqu'il pleut et que l'on s'ennuie,
On appelle un chand d' parapluie!

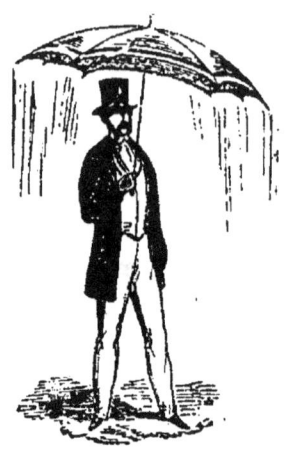

A MM. Chandon de Briailles, à Epernay.

MOËT ET CHANDON

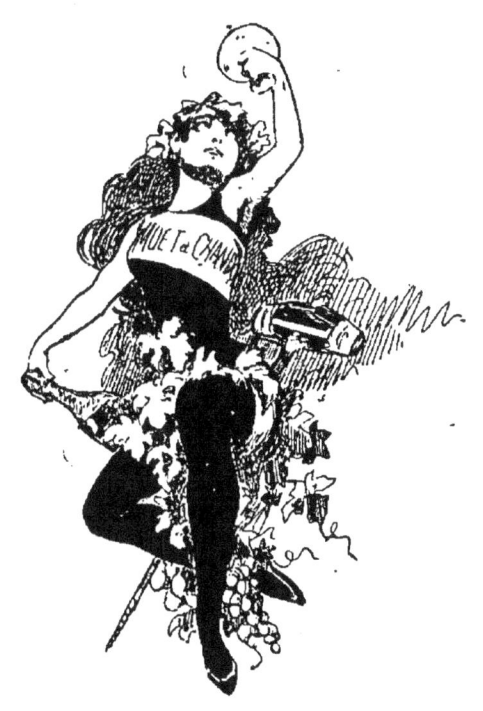

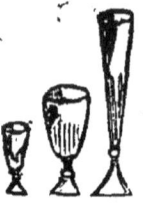

MOËT ET CHANDON

(1) Air principal de la ronde des *Chevaliers de la Table ronde*
(opérette d'HERVÉ)

Ce champagne est un vin charmant
    Qui fait voir tout en rose ;
Le mari devient confiant
    Et ne voit pas... la chose...
Mais de sa femme, la vertu
    Souvent, hélas ! chancelle !...
Ce vin fait tomber le fichu
    De plus d'une cruelle !

(1) La musique se trouve 31, rue Meslay, chez BENOIT aîné éditeur de la partition.

Pif ! paf ! *Moët et Chandon!*
　　Cette marque brille,
Pif ! paf ! saute gai bouchon,
　　La mousse pétille !
Pif ! paf ! ce vin folichon
　　Est un joyeux drille !
　Gai bou, bou, gai chon, chon,
　Saute, saute gai bouchon,
　　Avec ta résille
　　D'argent au front !
1, 2, 3, 4, 5, 6, 7, 8, 9, 10,
Laï tou, laï tou, tou, tou, tou !...

Pour sortir du flacon vanté
　　Et te griser sans gêne,
L'amour met à tes yeux, Beauté,
　　Des regards de... sirène !
Puis à ta lèvre une chanson,
　　Qui s'élance du verre,
En te la versant, l'échanson
　　Chante comme un trouvère !

　　Pif ! paf ! Moët et Chandon, etc.

Ce nectar dont le ciel fit don
　　Aux coupes de champagne,
Fut nommé Moët et Chandon
　　Sur un chant de Cocagne.

Poète, ah ! dis-nous bien qu'il n'est
    Pas de saint qu'il préfère
Aux *appas* du vin d'Epernay
    Dans son corset... de verre !

    Pif ! paf ! Moët et Chandon, etc.

Filles, qui jetez vos chapeaux
    Par-dessus l'Obélisque,
Qui met le trouble en vos cerveaux :
    Ce champagne et la bisque.
Pour vaincre un sauvage tendron,
    Chandon, à la rescousse !
Votre vin fait choir la raison
    Sur un doux lit... de mousse !...

    Pif ! Paf ! Moët et Chandon, etc.

Ce vin, quand on le boit frappé,
    Semble glacé sur place ;
Mais sur la tête a-t-il tapé ?
    Plus de froid, plus de glace !
Des autres marques je devrais
    Entonner les louanges ;
Non, ces vins ne vaudront jamais
    De Chandon les vendanges !...

Pif ! paf ! Moët et Chandon !
     Cette marque brille,
Pif ! paf ! saute gai bouchon,
     La mousse pétille !
Pif ! paf ! ce vin folichon
     Est un joyeux drille !
  Gai bou, bou, gai chon, chon,
Saute, saute gai bouchon,
     Avec ta résille
     D'argent au front !
1, 2, 3, 4, 5, 6, 7, 8, 9, 10,
Laï tou, laï tou, tou, tou tou !...

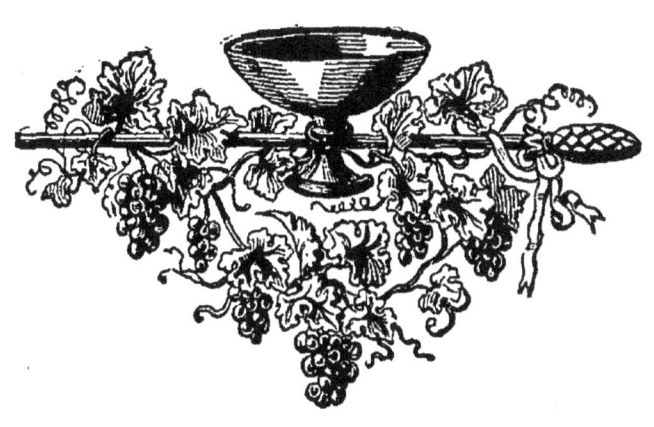

A mon ami Rivaux, de la Lice.

LA
SEMAINE DES QUATRE JEUDIS

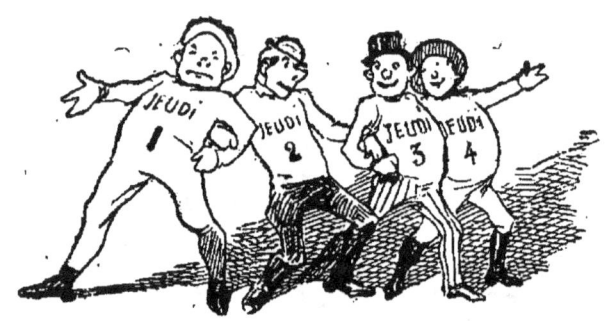

16.

LA SEMAINE DES QUATRE JEUDIS

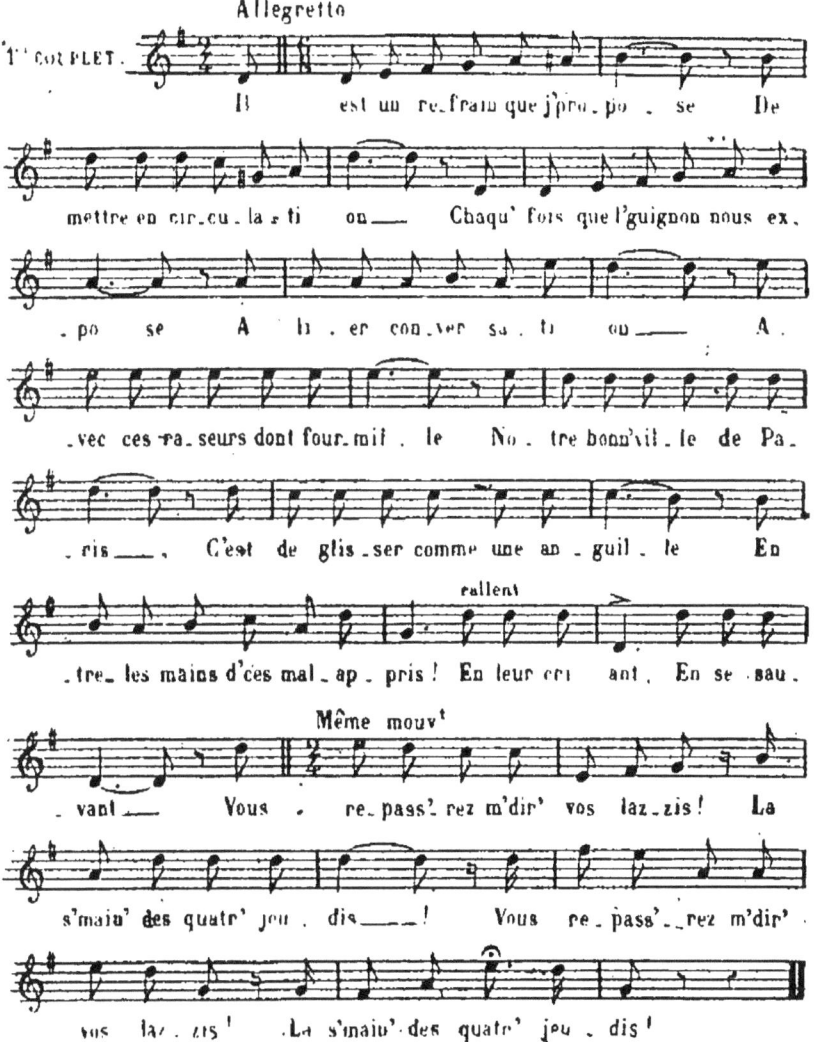

Et ce refrain, je dois le dire,
A tout s'applique étonnamment.
A ma cousin' qu'on v'nait d' séduire,
L'autre jour je d'mand' poliment :
— Aglaé n' crains-tu pas la suite
De tes écarts à la vertu ?...
Ell' répond..., r'doutant sa conduite,
— Ah ! n' m'en parl' pas si j'avais su !!!
   Au lieu d' tomber,
    De succomber !
J'euss' dit : reviens voir si j'y suis   } bis
  La s'main' des quatr' jeudis !...

Avant que la prison pour dettes
Ne fût livrée aux terrassiers,
Des plus sévères épithètes
On dispensait ses créanciers.
Aujourd'hui que l'on peut sans crainte
Vivre à l'œil, et dans tous les rangs,
Que de gens répondraient sans feinte,
S'ils l'osaient, dans les restaurants :
   J'ai déjeuné !
   J'ai bien dîné !
Mais je vous paierai, vin compris,   } bis
  La s'main' des quatr' jeudis !...

Quand nos ivrogn's de cochers d' fiacre
Un pourboir' n'exigeront plus,
Quand nos actric's f'ront l' simulacre
De réunir tout's les vertus,

Quand de nos effrontées cocottes
Un homm' pourra se dire aimé,
Quand des gendarmes les grand's bottes
Ne s'ront plus sœurs du... GÉROMÉ...
      Je vous dirai,
       Je m'écrierai :
Miracle! voilà, mes amis,
    La s'main' des quatr' jeudis!... } bis

Un jour de la semain' dernière,
Au bois j'allai faire un p'tit tour,
Et j'entrai dans une clairière
Juste comme fuyait le jour.
Je pénétrai sous de grands chênes,
Quand j'aperçus tendres amants
Un' bonne, un chasseur de Vincennes,
Jouant à des jeux innocents...
      La bonne disait :
      Ton cœur : Bridet ?
Oui, fit l' soldat quittant l' taillis... } bis
    La s'main' des quatr' jeudis!...

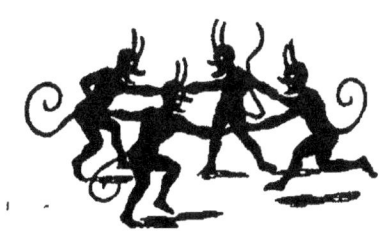

A l'illustrissime NADAR.

LA PHOTOGRAPHIE DE NUIT

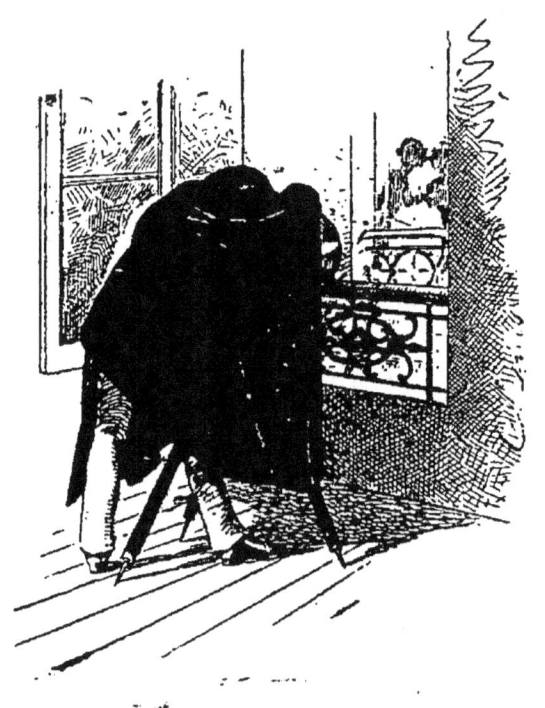

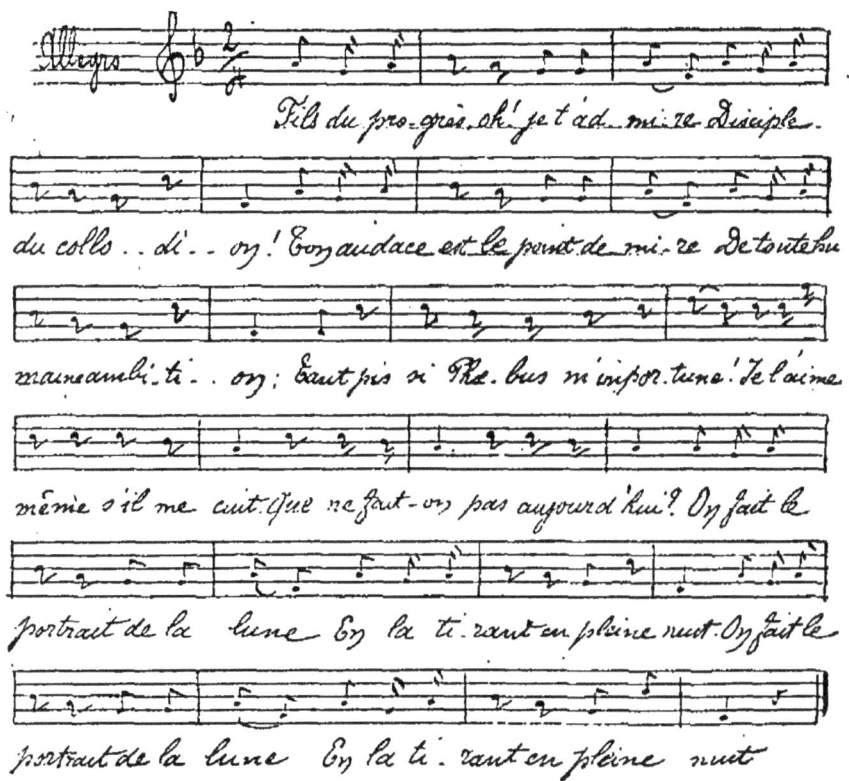

LA PHOTOGRAPHIE DE NUIT

Air : *Allez-vous-en, Gens de la Noce* (Clé du Caveau)

Fils du progrès, oh ! je t'admire,
Disciple du collodion !
Ton audace est le point de mire
De toute humaine ambition ;
Tant pis si Phœbus m'importune !
Je l'aime même s'il me cuit.
Que ne fait-on pas aujourd'hui ?
On fait le portrait de la lune   } *bis.*
En la tirant en pleine nuit !...

La bizarrerie est complète ;
Si du Soleil on ne veut pas,
Et si la Lune est trop discrète,
Quel astre guidera nos pas ?
Le grand Nadar, fin comme l'ambre,
Electriquement nous séduit
Plus de politique et d'ennui,
Car, pour tirer en paix la Chambre,
Il ne la tire que la nuit !

Prôner l'instruction publique,
C'est le devoir d'un bon Français;
Qu'elle soit dévote ou laïque,
Je ne lui fais aucun procès;
Mais, à nos ministres de France,
Qui la dirigent, aujourd'hui,
Nadar fera la nique, lui!
Pour mettre au grand jour, l'ignorance,
Il la portraicture de nuit!

Les tonneaux d'un certain *Lesage*,
A midi préfèrent minuit;
Et nous savons que leur passage
N'embaume pas lorsqu'on les suit!
Le boulanger choisit même heure,
C'est dans la nuit que son pain cuit,
Et que plus d'un caissier s'enfuit!
Que de filous qui font leur beurre
A photographier la nuit!...

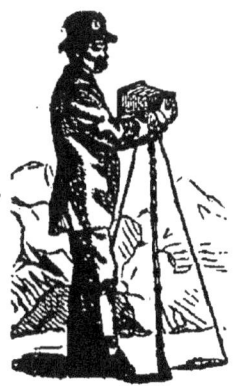

A Mlle BIANA-DUHAMEL, des Bouffes-Parisiens.

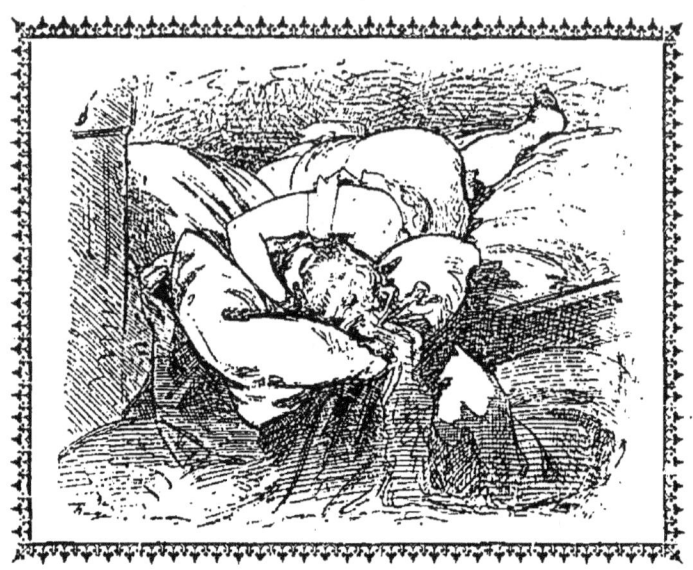

LA RAGE DE DENTS

AIR : *Le premier pas se fait sans qu'on y pense* (Clé du Caveau

    Le mal de dents vous vient sans qu'on y pense ;
    On est heureux sans aucun contre-temps,
    Quand, tout à coup, crac ! avec violence
    Dans la mâchoire éclate la souffrance...
        Du mal de dents! (*bis*)

A peine au monde, à la moindre quenotte,
C'est le martyr pour les pauvres enfants!
Puis jusqu'au bout, malgré la créosote,
A la gencive adhère en vrai despote...
    Le mal de dents!

La jeune Hermance a denture admirable,
Mais dents de perle ont aussi leurs tourments ;
Pour apaiser chaque crise effroyable,
La nuit, ell' mord... tant, tant est redoutable...
    La rag' de dents!

Ses chers parents l'aiment avec tendresse
Mais ne voient rien — l'amour les met dedans ! —
Ce mal terrible est la dent de sagesse...
Vite un galant, pour que vivement cesse...
    La rag' de dents!

La basse-cour, quoique l'on y bataille,
Me rend jaloux, moi comme bien des gens.
Quand port'ras-tu râtelier, ô volaille ?
Quand poule et coq, pour picorer la paille...
    Auront des dents!...

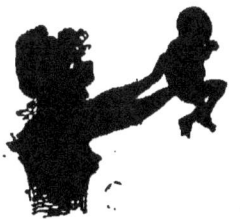

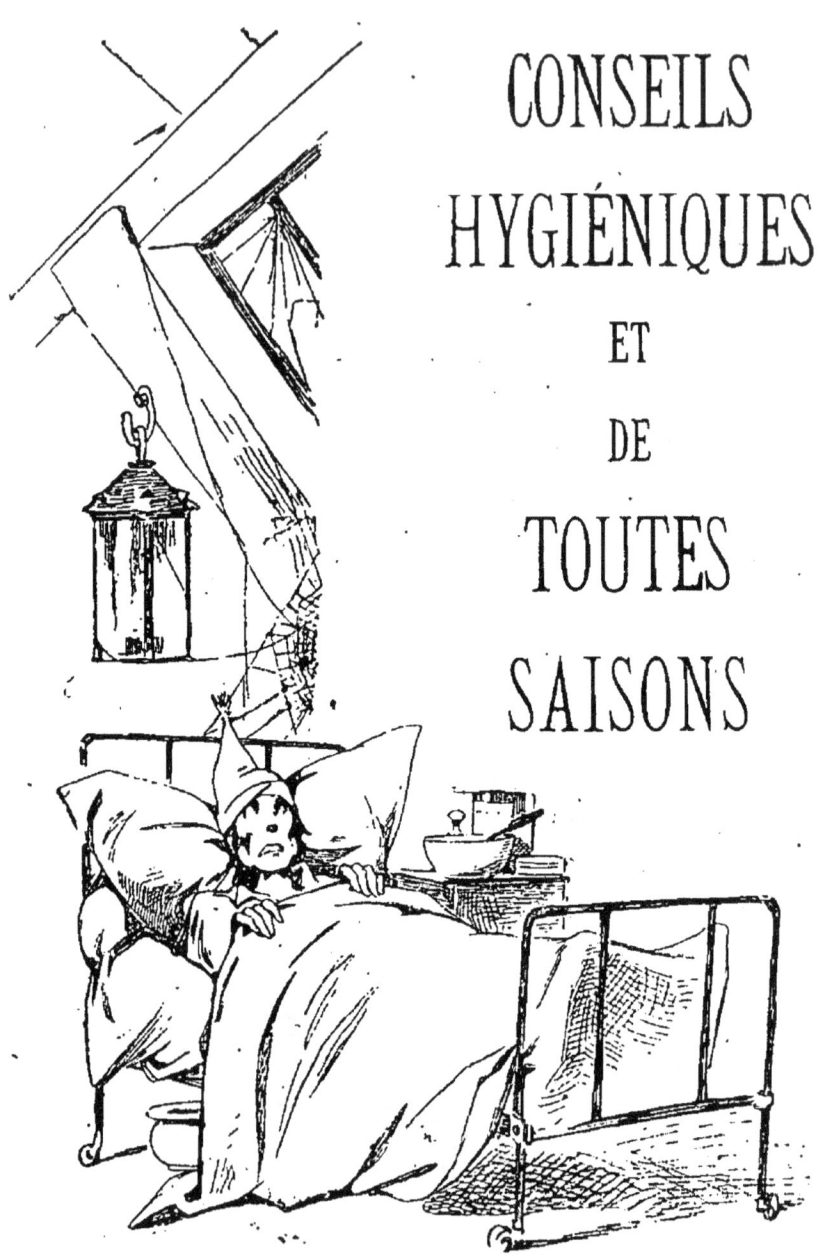

CONSEILS HYGIÉNIQUES ET DE TOUTES SAISONS

Au joyeux Docteur GRÉGOIRE,
et à ses descendants.

CONSEILS HYGIÉNIQUES ET DE TOUTES SAISONS

Monologue ou Rondeau

AIR de *Saltarello* (Clé du Caveau)

Avant de sortir de ta couche,
Prends ta robe pour avoir chaud;
Tousse, retousse, crache et mouche,
Du lit au feu ne fais qu'un saut.

Te peigne, te brosse et te frotte,
Étant levé de bon matin;
Avant de passer une cotte,
Prends un peu de pain et de vin.

Si le temps rit, sors de bonne heure ;
Dans ton logis, tranquillement,
Si le temps grimace, demeure,
Et, s'il se peut, tiens-t'y gaiment.

Lorsque le froid est redoutable,
Soigne bien ta chère santé ;
Le dos au feu, le ventre à table,
En joyeuse société.

Mange de la fine volaille,
Du chaud potage et bois sans eau
Un petit vin pas trop canaille
Et qui coule d'un bon tonneau.

Abstiens-toi de grosses épices :
Mieux vaut rester sur l'appétit,
Que de boudin ou de saucisses,
Manger le bout le plus petit.

Pour te faire une vie heureuse,
Pour conserver ton estomac,
Bannis toute humeur soupçonneuse ;
Ne fume pas trop de tabac.

Ne dors jamais dans la journée ;
Passé minuit, dors sans réveil ;
Evite une froide tournée
Après le coucher du soleil.

Mais au moral comme au physique,
Si tu veux vivre heureux et sain,
Ne parle jamais politique,
Ne prends jamais de médecin.

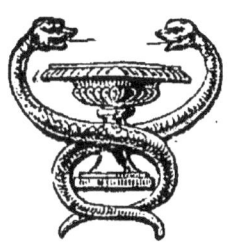

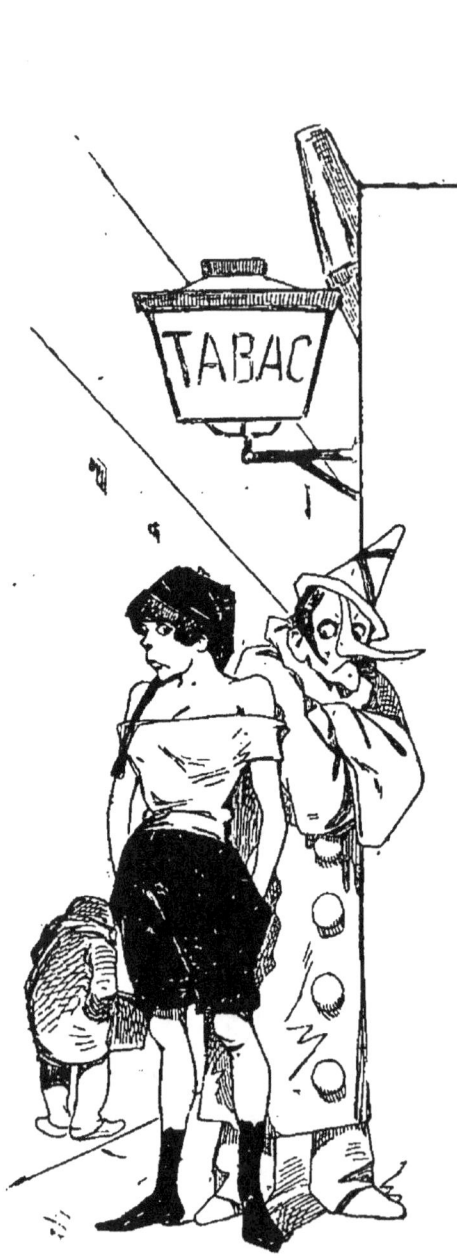

A M. le Préfet des Alpes-Maritimes.

Le Carnaval parisien se meurt.
Le Carnaval est mort!...
(L'Opinion publique).

PAUVRE

CARNAVAL!!!

PAUVRE CARNAVAL !

Musique de M. Artus

(Ronde de la *Bacchanal* chantée dans le *Juif-Errant*)

REFRAIN

C'est à Paris qu'on s'embête,
A cinquante francs par tête !
  Crac !
 Carnaval (*bis*)
Paris t'a fait sépulcral !
 Carnaval,
  A ton bal
Il faut le mistral !...

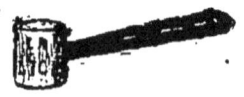

J'arrive du beau pays.
Du seul pays même,
Où le Carnaval, bien mis,
Compte des amis;
C'est à Nice, aujourd'hui,
Que le peuple l'aime
C'est là que, jour et nuit,
Il dompte l'ennui!

C'est à Paris qu'on s'embête, etc.

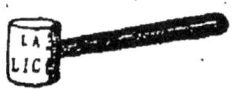

Pourtant, je le reconnais,
Paris se déguise...
Mais il n'endossa jamais
Costumes si laids.

Sur tous les faciès,
　　Gaîté sans franchise !
Ce qui, seul, fait florès
　　C'est le pataquès !

C'est à Paris qu'on s'embête. etc.

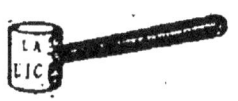

Le Carnaval parisien,
　　Tourne à la légende.
Celui qui nous plut si bien,
　　Hélas ! n'est plus rien !
Le Bœuf-Gras plein d'appas
　　A rejoint sa bande ;
Il écume, et tout bas...
　　Contre les jours gras.

C'est à Paris qu'on s'embête, etc.

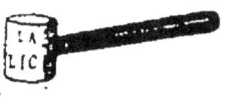

Plus de masques! on pourra
Juger les visages;
Et, dame, on reconnaîtra
Plus d'un scélérat!
Enlevant leurs faux-nez,
Bien des personnages
Seront fort étonnés
D'être si... mal nés!...

C'est à Paris qu'on s'embête, etc.

Carnaval, rayons ton nom
Du dictionnaire;
Vieux, cassé, triste, grognon,
Mort est ton renom!
Dans la rue, ébloui,
Par ton savoir-faire,
Tu t'es évanoui
Et ce fut fini!!!

C'est à Paris qu'on s'embête
A cinquante francs par tête
   Crac !
   Carnaval (*bis*)
Paris t'a fait sépulcral !
   Carnaval,
   A ton bal
Il faut le mistral !...

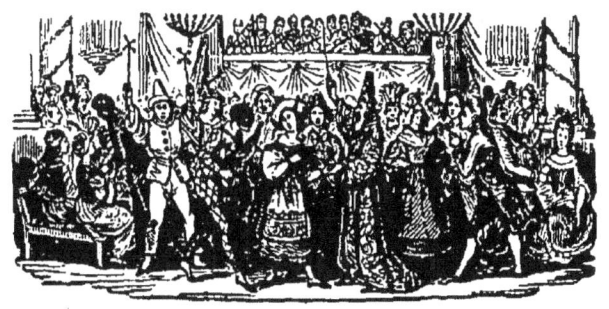

QUELQUES
PETITS MONOLOGUES

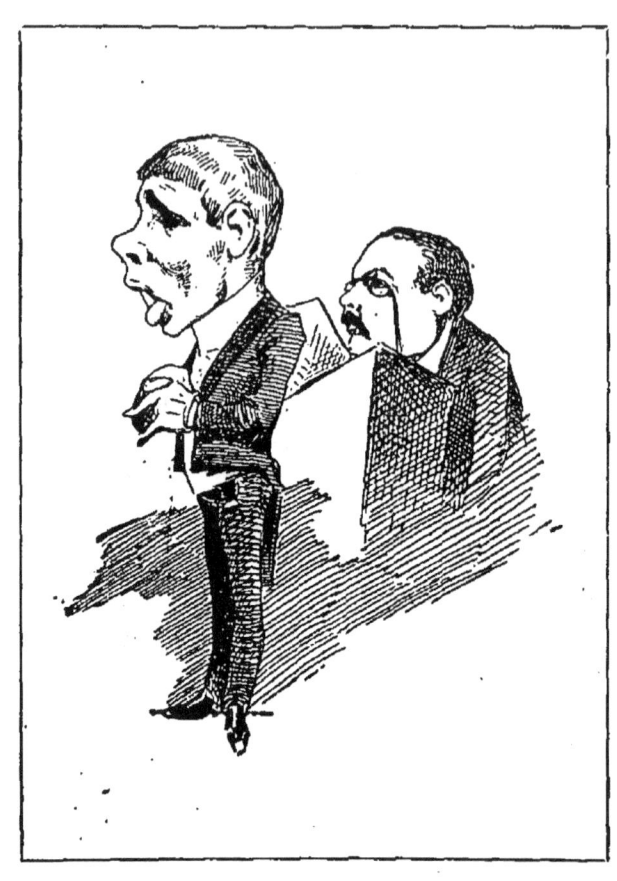

POUR FINIR

LA SONNETTE DU DENTISTE

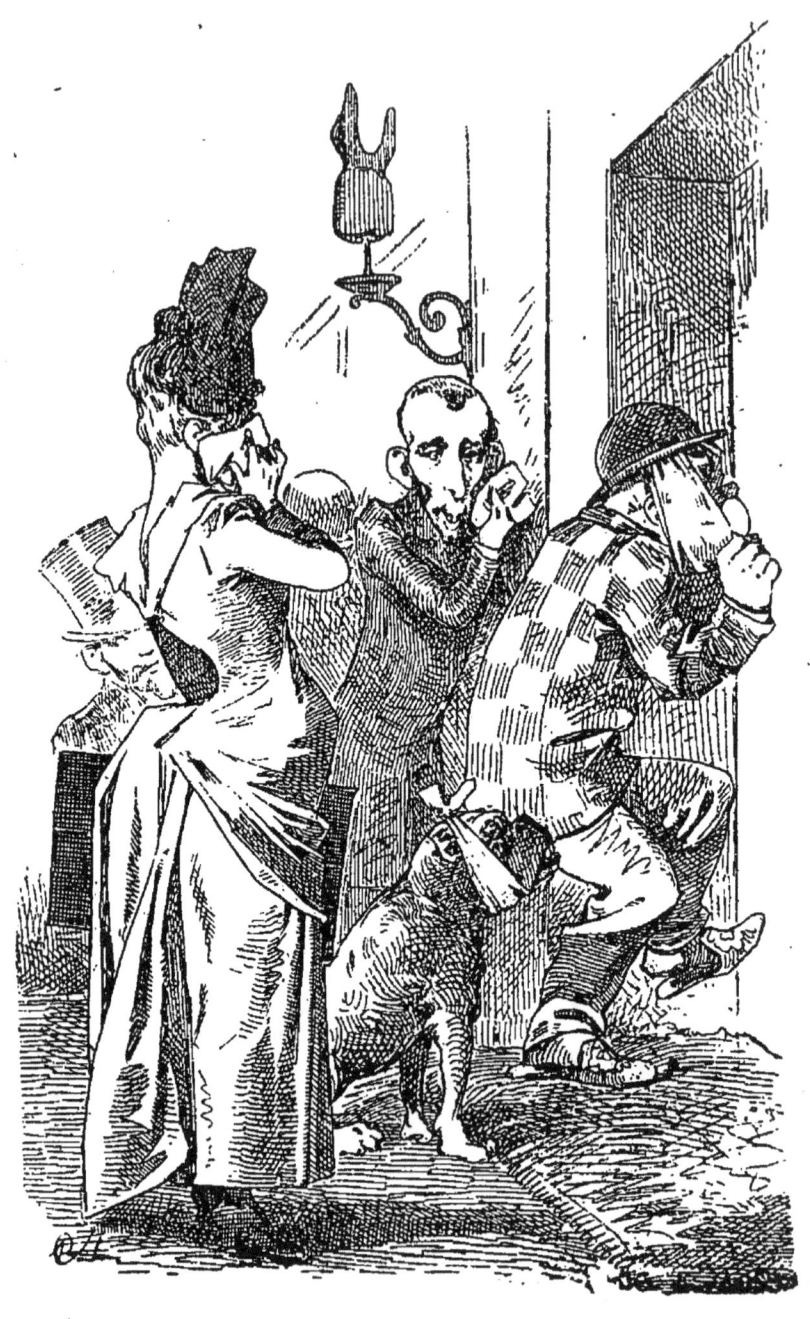

A mon Ami Crignier,
Chirurgien-Dentiste.

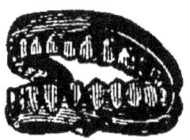

LA SONNETTE DU DENTISTE

Monologue

dit par M. Terville, des Variétés

—

Tous les métiers n'ont-ils pas eu leur monologue ?
Or, quand pour tous les arts la rime marche ou vogue,
N'est-ce pas injustice, ô Messieurs les rimeurs !
D'omettre sciemment l'école des menteurs ?
Ces arracheurs de dents ; c'est ainsi que l'on nomme,
En termes de dédain, même ceux qu'on renomme !
A tout âge, en tous lieux, toute époque et tous temps,
Les dentistes ont mis, dit-on, d'autres *dedans* !
De ta mâchoire, ô femme ! ô bel ange ! ô sirène !
Ils ôtent d'un seul coup la molaire malsaine.
Venez, venez vers eux, belles dont le printemps,
Encore dans sa fleur, regrette quelques dents.

Venez, ne craignez plus la prothèse sanglante
Qui blessait, torturait la gencive tremblante ;
Admirez les dentiers qu'on vous pose aujourd'hui :
Par un charme divin, ils ont l'air pour appui !
Mères dont les enfants ont déjà la denture
En proie à ces défauts qui sont contre nature,
Menez-les au dentiste, et, sur le droit chemin,
Il vous les remettra par un seul tour de main.
Les gencives sans dents ressemblent à des peignes
Que l'on aurait cassés à gratter sur des teignes.
Les gencives sans dents sont fauteuils sans ressorts,
Des râteliers sans foin et des âmes sans corps.
Les gencives sans dents sont des claviers sans touches ;
A de noirs trous d'égouts je compare ces bouches ;
On dirait d'une rue à laquelle l'on a
Pris ses pavés ; c'est, sans amandes, un nougat :
Pourriez-vous hésiter, à ces tristes images,
A nous laisser du temps réparer les outrages ?
Laisseriez-vous la peur arrêter votre essor ?
Vous n'éprouverez rien, puisque l'on vous endort !
C'est vrai plaisir, grâce au protoxyde d'azote,
Aujourd'hui, de se faire ôter une quenotte.
Nous avons mieux encore : un savant procédé
Transforme en dent superbe un chicot corrodé ;
Et, dans un trou béant, la greffe prothésique
Enchâsse tout à coup une perle féerique.
Le dentiste est toujours un être jovial,
Même lorsqu'il extirpe une dent de cheval !
Mais, le comble de l'art, quand nos vœux il exauce,
C'est de mettre un soulier où la dent se déchausse.

Pourtant malgré cela, malgré son art complet,
Un dentiste en renom, hélas! périclitait.
Oui, ce praticien archi-connu, célèbre,
Ne voyant nul client, en devenait funèbre ;
Je ne sais, disait-il, plus à qui me vouer,
Et non plus que la cause à qui l'attribuer.
On m'a jeté, dit-il, quelque sort sur ma porte !
Dans l'accès de fureur qui soudain le transporte,
Il ouvre son huis grand !... Oh ! stupéfaction !
Il distingue aussitôt, pendus à son cordon,
Un vrai troupeau d'humains, des hommes et des femmes,
Un enfant, même un chien, les yeux mornes, sans flammes,
Le front emmitouflé, sur la gueule un bandeau,
Tous à la queue-leu-leu... L'admirable tableau !
Il comprit tout à coup, comme on se l'imagine,
La peur avait guéri le mal dans sa racine !
De la sorte ses soins devenaient superflus,
Et, comme Alcibiade, il ne lui resta plus,
Afin de ravoir sa clientèle complète,
Qu'à couper à jamais... son cordon de sonnette !...

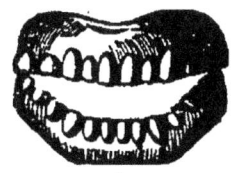

A M. COQUELIN CADET.

LE BILAN DE MES ÉTONNEMENTS (1)

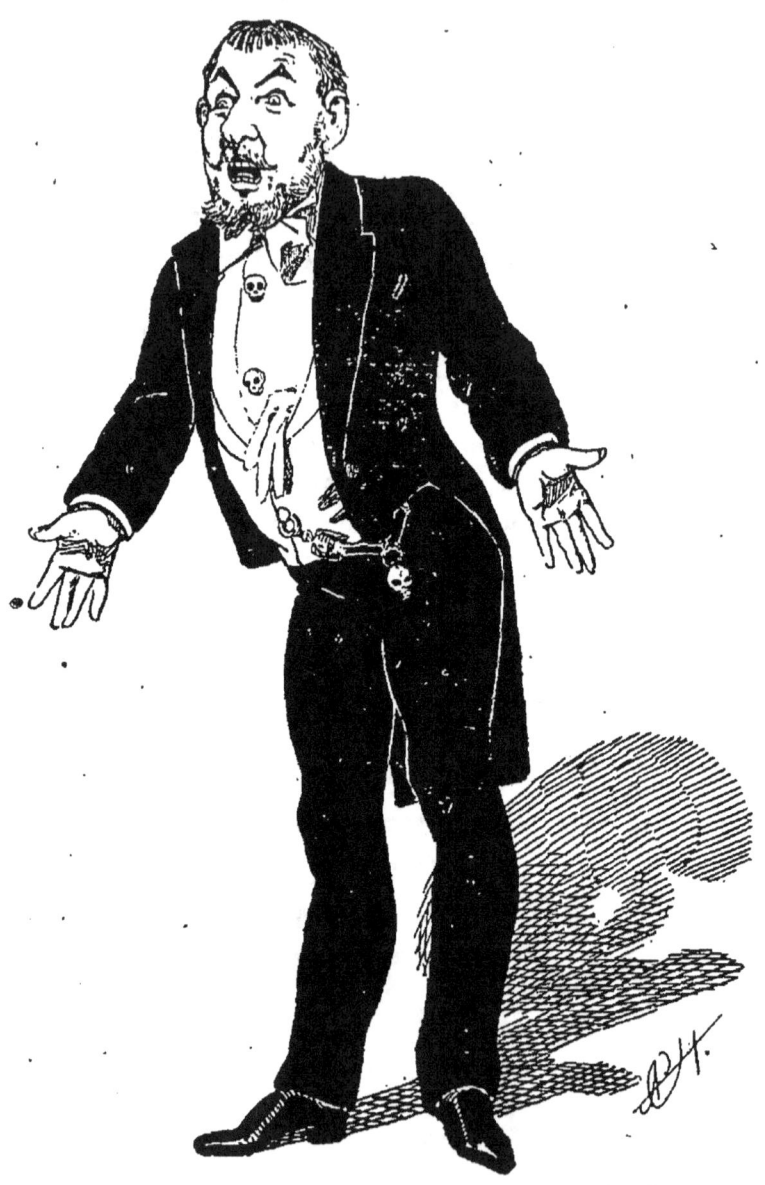

(1) Portrait de M. CHOUBRAC, notre spirituel dessinateur.

LE BILAN DE MES ÉTONNEMENTS

MONOLOGUE

Dit par M. GALIPAUX, du Vaudeville

—

C'en est fait; dès ce jour les plus folles merveilles
Viendront solliciter mes yeux et mes oreilles.
Je croirai tout; dût-on m'apprendre que demain
La lune avalera le faubourg Saint-Germain,
Ou qu'hier, le soleil a fondu la colonne !
Et de quoi désormais veut-on que je m'étonne,
Alors qu'il ne faut plus être surpris de rien
Et croire qu'ici-bas tout se passe très bien.

Quand, depuis vingt-cinq ans, le public se figure
Que B... C... font honneur à la littérature?
Que la prose de S... est écrite en français,
Et que Madame Da... n'obtient que des succès !
Quand on voit Monsieur Z... tonner contre Voltaire;
Quand les drames du jour font pâmer le parterre;
De quoi, pour Dieu, veut-on que je m'étonne encor,
Quand chaque jour on voit de plus fort en plus fort,
Comme chez Nicolet; quand la locomotive
S'allongeant, grandissant, au monstrueux arrive.
Quand on voit les wagons transformés en salons,
En hôtels, en palais; quand on voit les ballons,
Obéissants, domptés, d'un vol que rien ne lasse,
Aller, venir, descendre ou monter dans l'espace !
Quand on voit *Dona Sol* et quand on voit *Scapin*,
Du matin jusqu'au soir, du soir jusqu'au matin,
Pris du désir puissant que chacun les acclame,
Occuper l'univers entier de leur réclame !
Quand en quatre-vingt-onze un écrivain français,
A n'importe quel prix, veut mousser à l'excès,
Pour cet unique but, travaille, s'ingénie,
Et devant le veau d'or abaisse le génie,
En prodiguant sa prose, en gaspillant ses vers
Pour l'amour du savon, du caoutchouc, des fers !...
Le miracle a franchi les bornes du possible;
Mais, que m'importe à moi, spectateur impassible,
Ma fibre s'est blasée à force de stupeur !
On a tant émoussé les ressorts de mon cœur,
Et les évenements et les gens excentriques
Ont tant surexcité mes nerfs trop élastiques,

Qu'hébété jusqu'aux dents, je m'étonnerais bien
Si d'émouvoir mon âme on trouvait le moyen !
J'ai dû, (puisque les faits ont comblé la mesure)
De mes étonnements, prononcer la clôture,
Et, des choses du jour, m'inquiétant fort peu,
Je laisse aller le monde à la grâce de Dieu !...

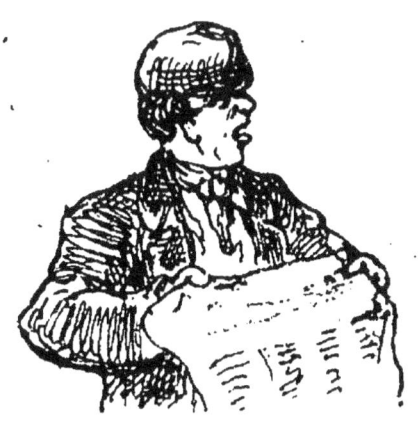

MONOLOGUE
DU GARDIEN

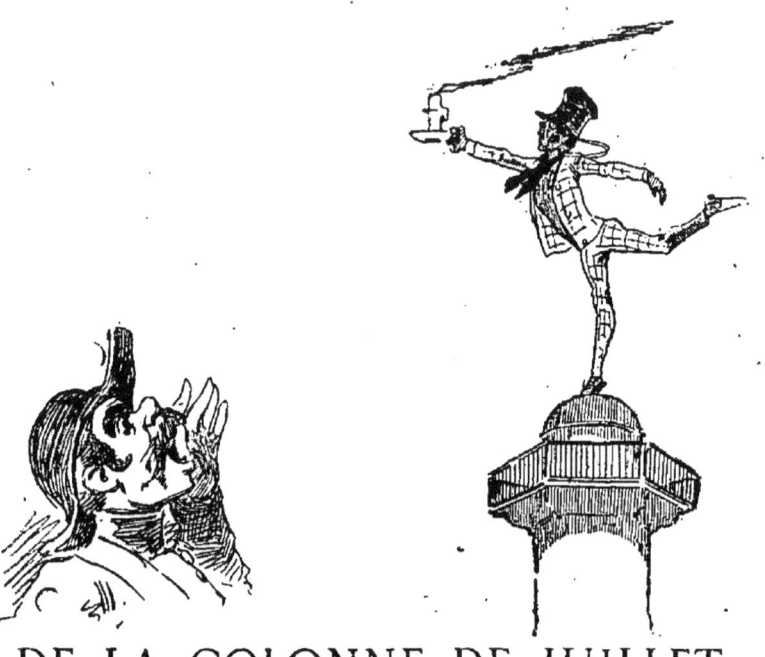

DE LA COLONNE DE JUILLET

MONOLOGUE

DU

GARDIEN DE LA COLONNE DE JUILLET

Dit par M. Tervil, des Variétés

—

De la Bastille, hier, le bon génie
S'est plaint, à moi, de l'atroce manie
Qui vous l'expose au souffle aérien,
Et j'ai frémi pour lui, moi, son gardien !
Je l'ai paré d'un complet neuf... en toile,
Qui, maintenant, discrètement le voile.
De son bon droit je me sens convaincu
Par le discours suivant qu'il m'a tenu

« Gardien aimable, ici, permets que j'ose
» Pour un instant interrompre ma pose.
» Sur un seul pied se tenir cinquante ans,
» A lui donner la crampe à tous instants,
» C'est à nos lois de l'équilibre en France,
» Prouver, je crois, très haute obéissance ;

» Mon rôle est grand : je suis la Liberté ;
» Mais de ce bien je n'ai jamais goûté.
» J'ai mon flambeau, mais jamais il ne brille
» Autant que les phares de la Bastille.
» Des profondeurs du Ciel, où je me perds,
» Mes yeux, dit-on, embrassent l'Univers !
» Merveilleux mots, semés par le poète,
» Vous ne servez qu'à me tourner la tête.
» Je disais donc, qu'un demi-siècle en l'air,
» C'est esquintant lorsqu'on n'est pas de fer ;
» Durant ce laps voir le faubourg Antoine,
» Le jour, la nuit, c'est tout mon patrimoine !
» Rôti, mouillé, sans parapluie, au ciel
» Recevoir dru la neige à la Noël ;
» Subir du vent les terribles rafales,
» Et des éclairs les lueurs infernales.
» Voir les ballons me faire des signaux
» Et sur mon nez se percher les moineaux,
» C'est dur, et loin de mes nobles confrères,
» Je ne peux pas leur conter mes affaires ;
» Et, cependant, mon bonheur eût été
» De potiner en ces beaux jours d'été
» Avec les Rois de la place du Trône
» Et l'Apollon qui sur l'Opéra trône.
» Chaque statue, à la gare du Nord,
» M'accueillerait, j'en suis sûr, comme un lord,
» Avec César, sur colonne Vendôme !
» Je voudrais bien regarder l'Hippodrome !
» Au fait, pourquoi me priver plus longtemps ?
» Promenons-nous pendant qu'il fait beau temps.

» Tous les mortels s'adjugent des vacances.
» Prenons-en donc. J'ai fait mes confidences
» Un peu trop haut peut-être, cher gardien.
» M'écoutait-on ? Des bruits, des voix, on vient !
» Qui que tu sois, visiteur, visiteuse,
» Inflige-moi ta visite ennuyeuse,
» Mais ne crois pas m'admirer jusqu'au soir,
» Car tu serais déçu dans ton espoir.
» Avant la nuit, qui s'annonce sereine,
» J'aurai dîné près de la Madeleine !...

Voilà, Messieurs, Mesdames, le discours
Rempli d'esprit, d'aimable fantaisie,
Que m'a tenu l'intéressant génie,
Dont, constamment, je surveille les jours !...

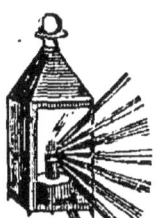

A M. LIBERT, de la Scala.

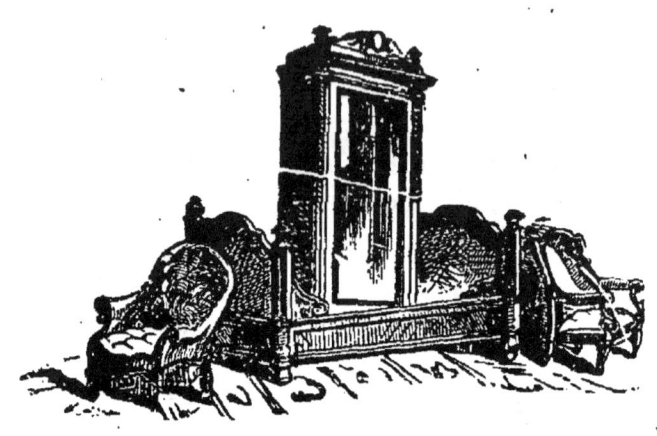

MONOLOGUE DU TAPISSIER

ou Rondeau *ad libitum*

AIR de la *Valse de Giselle*.

Mon tapissier, l'autre jour, à la hâte,
Vint pour poser un' *coulisse* à mon lit,
Quand il partit, ah ! voyez s'il me gâte !
Il me laissa ce rondeau par oubli :

Le tapissier, c'est bien l'homme à la mode,
Vivre avec lui, c'est le *bonheur du jour*,
D'humeur folâtre, il est toujours *commode*,
Et, sans rideaux, il *embrasse*... d'amour !

Remarquez bien : est-ce qu'il se désole ?
Pour lui, la vie est un charmant *tableau*,
Qu'il vous accroche, et, ce qui le console,
C'est qu'il se voit, dans la *glace*, très beau !

Comme il sait bien vous poser des *portières*
Et, sans jeûner, danser près du *buffet !*
Quand du berger l'heure appelle *bergères*,
Pour faire un somme il a le *sommier* prêt.

Le *bois de lit* est un meuble agréable,
Il faut le voir s'y faufiler sans bruit,
Après souper, il vante encor la table,
Mais cette table est la *table de... nuit !*

Bien rarement, il a l'âme mauvaise
Au point fâcheux de commettre un abus,
Et, si parfois il éreinte une *chaise*,
C'est que l'amour a trop... pesé dessus !...

Le *canapé*, ça ne se fait plus guère,
Le grand Zola préfère... les *divans ;*
Mais mainte dame, agréable à Cythère,
En *chaise longue* a de plus doux instants !

Avec orgueil tout tapissier acclame
Ton nom illustre, entre tous, Poquelin !
Et de *Molière* évoque souvent l'âme,
Quand d'un *Voltair'* il rembourre le crin !

Facilement on le dupe, on le roule,
S'il fait un *pouf*, il en reste penaud !
L'horizontale, en vain, voudrait du *Boule ;*
A la grenouille, il ne fait qu'un *crapaud !*

A quelque belle il vend du *palissandre*,
Mais il lui dit : *Ah! qu'a jou'* de malheurs !
Quand elle en... *chaîne* un cœur vraiment trop tendre,
Qui ne lui vaut que l'*ébène* et... douleurs !

Pour lui, la femme est bonne comme un ange,
Facilement, il lui glisse un *fauteuil*,
Mais, qu'elle louche, et l'on voit, fait étrange :
La dame faire, au fauteuil un... faux-t'-œil !...

L'expérience est pour lui nécessaire,
Tout à l'*ar...* moire, elle s'ouvre à sa voix.
Il n'a jamais forcé de *secrétaire*,
Mais il en fait un peu... dans tous les bois ;

Jamais, aux crins, vous n'avez vu se prendre
Deux tapissiers, même gris au complet,
Dans leur langage, on ne peut s'y méprendre,
Se cogner, c'est « s' rembourrer l' *tabouret !...* »

18.

Bon tapissier, on te juge à l'ouvrage,
Pour un *boudoir,* tu ne boudes pas, non,
Et lorsqu'il faut un *cordon... de tirage,*
Comme un portier tu tires le *cordon.*

Notre métier tient de l'anatomie.
De la nature il redresse les lois ;
Capitonner des gorges de momie
Ça nous arrive encore bien des fois !

Le tapissier travaille avec mystère,
Il se *tapit* courbé sur des tapis,
Et, quand il faut qu'il tapisse par terre
Il se souvient qu'il ta... pissait-z-aux lits !

Vif comme un' carpe, il pose la *carpette,*
Et sans filasse il drape un *molleton ;*
Malheur à qui, de lui, se s'rait *moquette...*
Il vous le *cloue,* et lui dit : *Guéris donc !!!*

Notre métier n'engendre pas misère
Et la fortune est au bout de nos bras ;
Si, tapissier ne fait pas bonne chère
Il peut du moins se tailler de beaux *draps.*

Tout homme meurt, mais à l'heure suprême
Quand il lui faut lâcher son... *baldaquin*
Le tapissier, né malin, fait lui-même
Son dernier lit, bière en chêne ou sapin,

A lui le soin de cette caisse oblongue
S'il peut le faire il la double en velours
Car la nuit est au Pèr' la *chaise longue*
Si longue! hélas! qu'on y dort pour toujours!

Mon tapissier, l'autre jour à la hâte
Vint pour poser un' coulisse à mon lit
Quand il partit, ah! voyez s'il me gâte
Il me laissa ce rondeau par oubli!

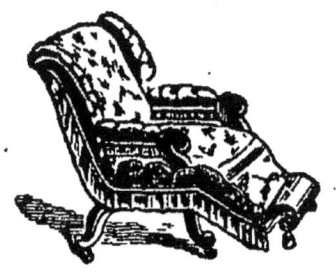

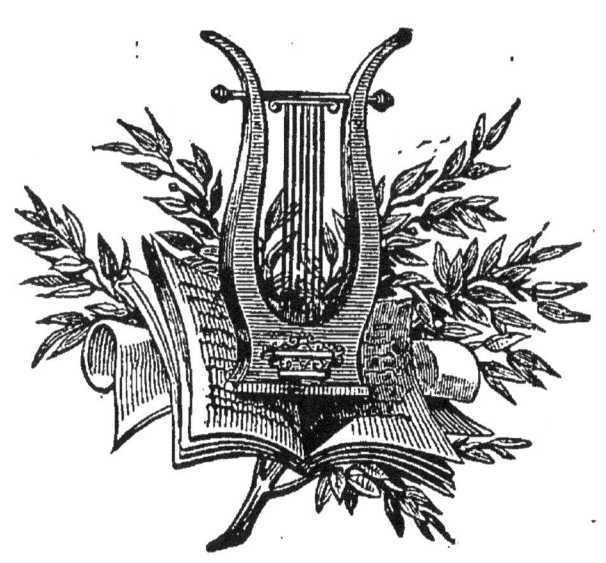

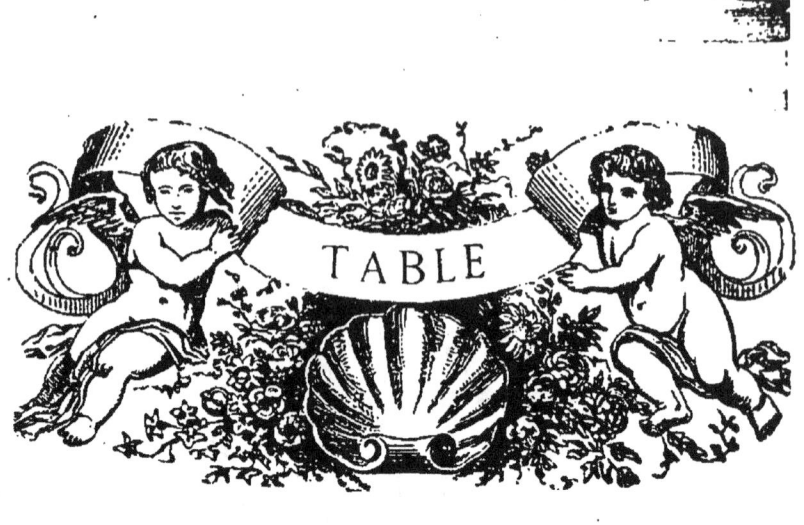

TABLE

	Texte	Musique
Notice sur les attributs du Caveau et de la Lice	xi	
COUPLETS-PRÉFACE	vi	v
A bas le Pourboire!	37	»»
Amazones du Boulevard (les)	119	»»
Arroseur du Boulevard	181	182
Au Cirque Molier	139	»»
Bains froids (les)	47	48
Bilan de mes Étonnements (le) . . . . . (Monologue)	307	»»
Bitumiers (les)	123	124
Borgias de Paris (les)	247	248
Chand d' Parrrapluies	270	270
Canaris de Paris (les)	145	146
Carte de la Paix (la)	211	212

	Texte	Musique
Cassette à Malvina (la)	51	52
Carpes de Fontainebleau (les)	25	26
Cimetière de la place Favart (le)	129	130
Conseils hygiéniques .... (Monologue)	291	»»
Couplets de Réception à la *Lice*	XVI	
Couplets de Réception au *Caveau*	XIV	
Décorés (les)	149	150
Dégustateur de Condiments (le)	73	74
Départ des Souteneurs (le)	223	»»
Derrière mon Corbillard	67	»»
Dévouement (le)	21	»»
Fez (les)	169	96
Fusil Lebel (le)	13	»»
Gardien du Génie de la Bastille (le)... (Monologue)	311	»»
Gavroche	217	218
Giboulées de Mars 1891 (les)	205	206
Grandes Manœuvres (les)	17	»»
Grèverons tous (Nous)	57	58
Idoles de l'Orchestre (les)	1	2
Magots et Potiches	199	200
Marseillaise des Punaises (la)	31	»»
Marchands de Vins de Bercy (les)	235	236
Métier de Reporter (le)	227	»»
Moët et Chandon	276	»»
Monnaie de Singe	163	164
Noces sèches	177	»»
Nord et Midi	185	»»

	Texte	Musique
Ote-toi de là que je m'y mette	41	42
Paris enragé.	201	202
Passages de Paris (les)	79	»»»
Pâtissier de Bougival (le).	173	174
Pauvre Carnaval	295	»»»
Petit Mot pour rire (le)	133	134
Petits Télégraphistes (les).	109	110
Plus de Censure	231	»»»
Photographie de Nuit (la).	285	286
Queue (la)	95	96
Qu'il est doux d'être Député.	155	156
Rage de Dents (la)	289	»»»
Retour des Mois en R (le).	137	»»»
Rimes variées et avariées pour Cantates.	266	»»»
Rois du Pavé (les)	261	262
Rondeau du Tapissier (le). . . . . . . (Monologue)	316	»»»
Ronde de la Flemme	253	254
Semaine des Quatre Jeudis (la)	281	282
Sonnette du Dentiste (la) . . . . (Monologue)	303	»»»
Statuomanie (la)	241	»»»
Téléphone sous la Manche (le)	257	»»»
Toujours patraque	63	»»»
Tout à la russe.	7	»»»
Tout autour de la Tour Eiffel	89	»»»
Travail de Nuit (le).	103	103
Trou du Souffleur (le)	159	160

	Texte	Musique
Vieux Canapé (le).	189	190
Vive la Territoriale.	193	194
Y a Cent Ans.	115	» »

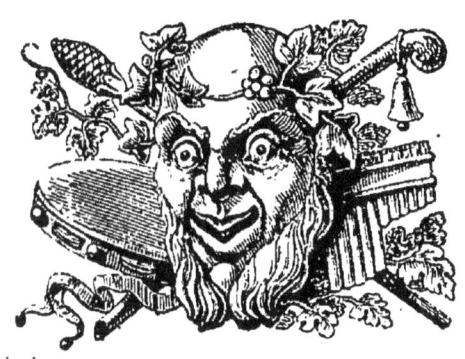

PARIS

IMPRIMERIE VEUVE ÉDOUARD VERT

12, Passage du Caire, 12

Edouard JUTEAU, représentant intéressé

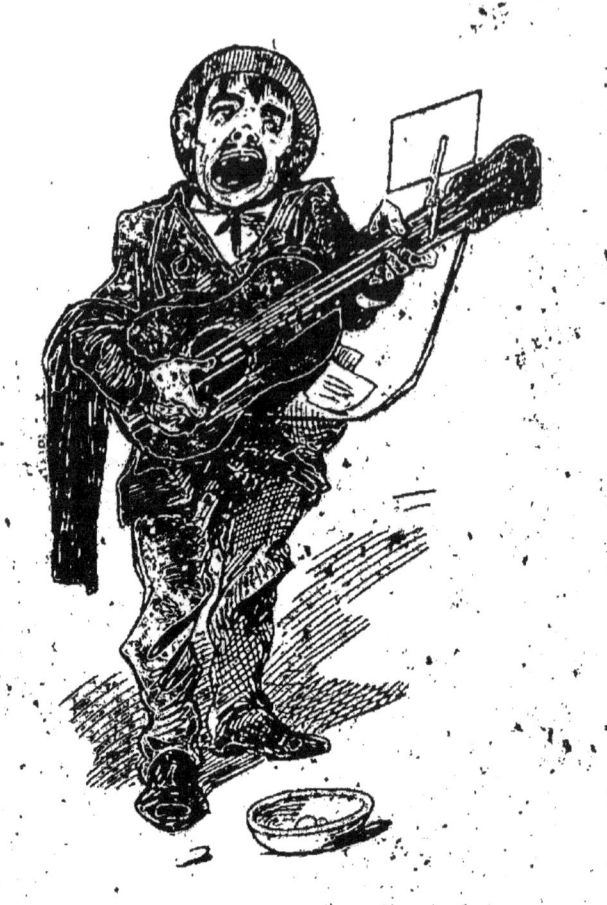

PARIS
IMPRIMERIE BREVETÉE Vve ÉDOUARD VERT
29, rue N.-D.-de-Nazareth. — Téléphone

www.ingramcontent.com/pod-product-compliance
Lightning Source LLC
Chambersburg PA
CBHW052239220526

45471CB00001B/110